相続は怖い

天野 隆 ＋ 税理士法人レガシィ

SB新書
651

はじめに

かつて相続税が課税されるのは「特別裕福な人」というのが通り相場でした。
ところが2015年の税制改正で相続税の基礎控除額が従来の6割に引き下げられて以来、特別お金持ちではない人が亡くなった場合でも、相続税が課税されるようになりました。

この影響は数字にもはっきりと表れています。改正前の2014年の相続税課税割合（全国平均）が4・4％であったのに対し、改正法が施行された2015年については約8・0％となり、改正法施行から7年後の2022年の課税割合は前年比0・3％増の9・6％と過去最高となりました。

もう相続税は富裕層だけの話ではありません。私がよく言うのは「大手企業に勤めていた人で首都圏に戸建て住宅があり、預貯金が2000万円以上の人は、相続税を意識してくださいね」ということです。

さらに注意しなければならないのが、相続税の申告内容に疑問があった場合に行われる「税務調査」です。

税務調査の目的はズバリ「少しでも多く税金を取り立てること」。公平な制度を目指すため仕方ないのです。

ではいったいどれくらいの割合で税務調査が入るかというと、相続税の税務調査の割合は6%となっています。ちなみに法人税の場合は2%、所得税も同様で2%です。

他に比べると相続税の税務調査率はダントツに高くなっています。これが意味するのは何だと思いますか。

「相続税の申告には穴があるので、ほじくり返しやすい」ということにほかなりません。

その穴だらけの申告書を作っているのが税理士です。

税の専門家であるはずの税理士が、なぜそんな突っ込みどころ満載の申告書を作ってしまうのか？　それには相続税の申告数と税理士の数のバランスの悪さの問題があります。

端的に言うと、相続税の申告数に比べて税理士の数が多過ぎて、平均すると税理士1人あたり年間1～2件しか担当する機会がないのです。

相続を専門に経験を積んだ税理士でもない限り、いつまでたっても相続税に関しては新人と言っても過言ではないでしょう。もっとも、だからといってその税理士が無能というわけではありません。数が多く、税理士の主戦場である法人税に関しては、ほとんどの税理士は秀でた能力を発揮しています。

相続税の申告は数が少ないので打席がなかなか回ってきません。そのために経験を積むことができず、ノウハウの蓄積がなされていないだけです。

でも頼りになるはずの税理士が頼りにならないのでは、納税者は困ってしまいます。

そこで今回、日ごろから相続を専門に扱っている私たちがお役に立てればと、税務署が決して教えてくれない相続の裏ワザについて本を書くことになりました。

納税者として気をつけたいことや、税務調査に対して相続税に知悉《ちしつ》した税理士はこんなふうに対処するといったノウハウ的なことをできる限り盛り込んだ内容になっています。

どうぞ最後までお読みいただければと思います。

相続は怖い　目次

第2章　役所が教えてくれない不動産の評価

第3章 役所が教えてくれない生前対策と相続の極意

第4章 役所が教えてくれないモメないための極意

第5章　役所が教えてくれない相続の未来

序章

役所は何も言わずにあなたを見ている

表立っては言わないが「役所が相続税を取るための視点」が存在する

人が亡くなると、死亡した人の本籍地、亡くなった場所または届出人（多くの場合家族）の所在地の市町村役場に死亡届を提出しなければなりません。このことについては戸籍法第25条に定められています。

死亡届を提出すると火葬許可証が発行され、火葬場でこれを提出して火葬の証明が記入されると埋葬許可証となって埋葬ができるようになります。

こうした葬儀を行うための流れと並行して、死亡届に関する情報は税務署にも通知されることになっています。

根拠となるのは相続税法第58条です。

市町村長その他戸籍に関する事務をつかさどる者は、死亡又は失踪に関する届書を受理したときは、当該届書に記載された事項を、当該届書を受理した日の属する月の翌月末日までに、その事務所の所在地の所轄税務署長に通知しなければならない

なぜこのような定めがあるのでしょうか。それは相続税を取りはぐれることがないようにするためです。

国税庁と国税局、それに全国の税務署はＫＳＫシステムというネットワークでつながっています。

ちなみにＫＳＫは、「KOKUZEI SOUGOU KANRI（国税総合管理）」の略称です。全国ネットワークになっているので、日本のどこかで死亡届を出せば、他の場所でも見ようと思えば見ることができます。つまり亡くなったのをごまかすことができないシステムになっているというわけです。

死亡届を出さないと火葬ができないのですから、いやでも出さざるを得ません。ご

遺体を家に置いておくわけにはいかないですからね。

つまり人の死はガラス張りということです。相続が発生したという事実は必ず税務署に把握されます。

役所関係がこのことを表立って言うことはありませんが、私たちの社会の仕組みの中には「相続税を取るための視点が存在している」ということです。

まずこのことを心に留めておいてください。

税務署に泣きついても遅かった！相続税の申告漏れ

こんなふうに、相続税は漏れのないようガラス張りになっているにもかかわらず、実際にはかなりの「申告漏れ」があります。

理由として最も多いのは「自分が相続税の申告をしなければいけないとは思っていなかった」、そもそも「相続税というものを理解していなかった」などです。

相続税は相続した財産の総額（相続税評価額）が、相続税法で定められた基礎控除の額を上回っている場合、その上回った金額に対して課税されます。

2015年の税制改正で、基礎控除額が「3000万円＋（600万円×法定相続人の数）」と定められました。

たとえばAさんという男性が亡くなり、法定相続人として妻と子供2人が残されたとしましょう。この場合、基礎控除額は「3000万円＋（600万円×3人）＝4800万円」となります。

もしもAさんの遺した財産の総額が4800万円以下であれば相続税の申告は必要ありませんが、4800万円を超えた場合は超えた分が相続税の課税対象となるので、相続税の申告を行い、納税をしなければなりません。

これが相続税の最も基本的な部分ですが、実はここで誤解が生じやすいのです。

一つは「うちには大した財産がないから相続税の課税対象にはならないだろう」という思い込みです。

先ほどのAさんの例でいうと、基礎控除額の4800万円を「現金4800万円」と思い込んだり、亡くなったAさんの「秘められた財産」をそもそも家族が把握していなかったりするケースなどです。

相続財産には自宅の評価額も含まれます。また、亡くなった方が大昔に買ってそのまま放置していた株式などの有価証券がある可能性もあります。

不動産や秘められた財産まで含めて調べてみたら基礎控除額を上回っていた、ということが少なくないのです。

二つ目は「遺産の額が基礎控除額を上回っているけれども、たったの300万円程度だからバレないだろう」という思い込みです。

役所も効率を考えると、できるだけ相続財産の大きなところから「抜け」を見つけて税金を徴収しようとするのは事実でしょう。

とはいえ、その「たったの300万円」でもウソがバレないとは限りません。

そうなると「財産を故意に隠した」と判断され、通常よりも重い税金を課されることになってしまいます。

だから、課税の対象となるのであれば、きちんと申告して納税しておくことです。

そうでないと手痛いペナルティが科されます。

では、どんなペナルティがあるのか見ていきましょう。

延滞税

相続税の納付期限（被相続人の死亡を知った日から10カ月以内）までに税金の納付がなされなかった場合に発生する税金です。

・納期限の翌日から2カ月以内の期間……「年7・3％」と「延滞税特例基準割合[*1]＋1％」のいずれか低い方
・納期限から2カ月を超えた期間……「年14・6％」と「延滞税特例基準割合＋

7・3%」のいずれか低い方

過少申告加算税

申告期限内に提出された申告書の金額が不足していた場合に課される追徴課税です。誤りに気づいたら、早めの修正申告を行うことで、加算されないこともあります。

・税務調査の事前通知を受ける前に、自主的に修正申告をするとき……なし
・税務調査の事前通知を受けてから税務調査を受ける前に修正申告を行い、かつ、調査による更正を予知してされたものでない場合……5%

ただしその税額が期限内申告税額と50万円のいずれか大きい金額を超えるとき

＊1 延滞税特例基準割合とは、各年の前々年9月から前年8月までの各月における銀行の新規の短期貸出約定平均金利の合計を12で除して得た割合として各年の前年の11月30日までに財務大臣が告示する割合に、年1%の割合を加算した割合

の超える部分……10％
・税務調査の事前通知を受けてから、修正申告をするとき……10％
ただし、その税額が期限内申告税額と50万円のいずれか大きい金額を超えるときの超える部分……15％

無申告加算税

正当な理由なく申告期限までに申告しなかった場合に課される税金です。

・法定申告期限から1カ月以内に申告するとき……なし
・税務調査の事前通知を受ける前に、自主的に期限後申告するとき……5％
・税務調査の事前通知を受けてから、税務調査を受けるまでに期限後申告するとき……納税額のうち50万円までの部分↓10％、納税額のうち50万円超300万円までの部分↓15％、納税額のうち300万円を超える部分↓25％
・税務調査により期限後申告するとき……納税額のうち50万円までの部分↓15

%、納税額のうち50万円超300万円までの部分↓20%、納税額のうち300万円を超える部分↓30%

重加算税

課税対象の財産を悪意をもって隠したりした場合は、重加算税が発生します。

・申告書を提出した場合で、財産を隠蔽《いんぺい》又は事実を仮装していたとき……35%
・申告書を提出しなかった場合で、財産を隠蔽又は事実を仮装していたとき……40%

実際に払う金額は、追徴課税とこれらのペナルティをプラスした金額ということになります。

両親を「お手本」に財産隠しをしていたケースも

無申告を決め込む人の中には、「自分の親も相続税の申告をしていなかったので、大丈夫だと思っていた」という人もいます。

そこそこの資産があったので、祖父母の代の財産も本来であれば相続税が課税されるはずだったのに、親がスルーしてしまったと。

それを見ていたので安直に「自分もそうすればいいだろう」と判断してしまったというのです。

相続税には原則5年、悪質なケースは7年という時効があるので、祖父母の死亡時期次第で親が祖父母の財産を相続したときにさかのぼって課税されることはありません。

しかしこのケースでは「悪意をもって財産を隠し、申告しなかった」と見なされ、重加算税40％が課税される可能性があります。

役所は家庭の事情を聞いてくれない

役所は家庭の事情を考慮してはくれません。家庭内の健康問題や資金繰り問題も関係なく、「納める税金は納めてもらいましょう」というスタンスです。

実のところ、家庭の事情で納税のための資金繰りができないというのはよくあります。しかし相続税を払いたいのはやまやまだけど、お金がなくて払えないんです、と訴えても、耳を傾けてはくれないのです。

とはいえ実は、土地が財産の多くを占める場合には、特例を使うと相続税評価額が下がって税額が0円になるということもあるのです。

ここでは説明を省き、名称を挙げるだけにとどめますが、小規模宅地等の特例とか配偶者の税額軽減などを適用すると納税しなくて済むことがあります。

となると、結果として税額0円なら相続税の申告もいらないんじゃないの？と思う人が出てきます。

でもこんなケースでも申告は必要です。税務署は「申告していませんね」と言ってくる。それに対して「じゃあ、あの特例を使おう」と思っても、もう使わせてはくれません。

特例が適用されるのは、あくまでも相続税法の定める「相続があったことを知った日の翌日から10カ月以内」に申告書を提出した場合のみ。

税務署から「申告書を出しなさい」と言われたときに特例を使おうとしてもダメだというのです。

これには正直なところ釈然としないものを感じます。

さらには、土地評価についてある土地にいったん小規模宅地等の特例を使って申告書を提出したあと、別の土地で小規模宅地等の特例を使ったほうが納税額が少なくなるからという理由で、相続税の更正の請求（当初の申告額が過大であったため、相続税の還付を求めて請求を行うことをこう言います）を行おうとしても、税務署は認めてくれません。

これについて私はいつも「もう少し国民の利益を考えてくれてもいいのにな」と思います。

遺産分割でモメても役所は助けてくれない

たとえ遺産分割でモメたとしても税務署は仲裁に入ることはなく、助けてはくれません。税務署の立場としては、モメていようがなんだろうが、まずは相続財産を法定相続分で分割したとして、その分の相続税を納めなさいというスタンスです。

遺産分割については相続人間の問題なので、まずは各人法定相続分で納税してから調整してくださいと言うだけです。税務署にとってはモメようがモメまいが全然関係のないことなのです。

実際に分割協議でモメまくっていたけれども、相続税の納付期限に間に合わせるために、法定相続分で払い、そのあともさらに争いを続けるケースというのもよくあります。

ある意味、納税が終わってしまうと、安心していつまでもモメ続けていられる部分もあるので、余計に長引いたりします。

もしも遺産分割協議が終わるまで納税しない、などということになったら、ペナルティがかかってしまいますから、誰にとっても決して得にはなりません。

かといって、納税の段階では誰の懐にもまだ遺産は入っていないわけです。財産はもらっていないけれど、とりあえず身銭を切って法定相続分は払うしかありません。ところが身銭を切ったら切ったで、「自分のお金から出したんだから、これはたっぷりと財産をもらわないと」という気持ちになってしまうのですね。

そうなると泥沼です。

それを避けるためには、とにかく申告期限で決めるというのが鉄則です。相続人同士で「10カ月でカタをつけないと、自分たちは永遠に争い続け、しまいには決裂する」という共通認識をもって臨んでいただきたいものです。

第1章

役所が教えてくれない税務調査の勘所

税務調査の強力さを一般人は誰も知らない

昭和62年（1987年）、伊丹十三監督の『マルサの女』という映画が大ヒットしたのをご存じでしょうか？

「マルサ」とは国税庁と国税局に配置されている国税査察部などの部署のことをいいます。平たく言うと脱税していそうな法人・個人にあたりをつけて調査する（税務調査）部署で、そこに勤務する人たちは国税調査官と呼ばれます。

「マルサの女」は国税調査官の女性を主人公にした映画で、国税に精通した人たちの間では伊丹監督の入念な取材力が話題に上りました。

唯一架空だったのが車の上に潜望鏡（望遠鏡のようなもの）を立てて脱税していそうな人物の張り込み調査をするという部分で、それ以外はほとんど実際の税務調査と同じと言っても過言ではなかったからです。

映画を見た人はおわかりと思いますが、『マルサの女』では執拗《しつよう》にターゲットの調査を進め、真実に迫っていきます。

映画で調査の対象となったのは、パチンコ店やスーパーなどでしたが、執拗に調査を進めるのは個人を対象とした相続税でも変わりはありません。彼らの目的は1円でも多く相続税を納税させることなので、申告書の内容に疑問の余地があれば容赦なくそこを突いてきます。

相続税調査はこんなふうにやってくる

税務調査は申告書を提出してから1～2年後、ある日突然やってきます。

申告書提出の1～2年後といえば、「やれやれ、もう来ないだろう」と安心している人もいることでしょう。そんなときにひょっこりとやってくるのですから、いやが上にも驚きは大きくなるようです。

まずは「相続税の申告内容についてお尋ねしたい点があります」と電話がかかってきます。国税調査官と納税者のスケジュールをすり合わせて「その日」が決まります。

当日は10時ごろに調査官がやってきて、1時間の休憩をはさみ17時ごろまで行われます。昼食は外出して取るので、用意する必要はありません。

国税調査官はベテランと若手の二人組でやってきます。質問する人と書記的役割を果たす人に分かれます。


相続人が質問に答えるとき、調査官は相続人の目の動きを見ています。

というのも、大体人間は隠しているところをチラッと見るという癖があるからです。たとえば壁にかけてある絵などに視線を移したとしましょう。

そういう場合、どこかのボタンを押すとその絵がすーっと動いて隠し金庫が出てきたりします。ウソみたいな話ですが、そんなことが実際にあるのです。

プールや山の中の廃屋にまでも

生前から「財産を隠そう」という明確な意図を持っている人の中には、預金ではなくキャッシュで持っている人が少なくありません。

キャッシュで持つとなると盗まれる可能性が出てきますね。だからそういう人の家の入り口はセキュリティがハードなことが多いです。

私の経験では、プールの中から防水シートに包まれた札束が出てきたことがありました。

山の中の、今や誰も行く人がいなくなって廃屋となり朽ち果てる寸前の別荘に、現金を隠していた人もいました。

絵の裏に隠したりプールに隠したりする人には共通の特徴があります。それは「脱税が趣味」という特徴です。

他にキャッシュを隠す意味がありませんから。同じ現金なら銀行に預けるほうが安心だし、雀の涙とはいえ金利もつきます。

さらに言えば、こんなふうに隠してもバレるときにはバレます。後ほどご説明しますが、税務署の調査能力たるや半端なものではないからです。

金の延べ棒や貴金属類

キャッシュをそのまま持つのではなく、宝石や金の延べ棒にして隠し持っている人もいます。金というのは戦争が起きたときに持ち運べていちばん価値が落ちないものなのですね。有事に備えるにはうってつけの財産なのです。

余談になりますが、もしも中国が台湾、日本に侵攻してきて、日本の領土を取ったときに日本人はどうすると思いますか？　私は「円」という価値がなくなる可能性があるので、財産を守らなくてはという意識のある人は、みんな同じ行動を取るのではないかと思います。

金の延べ棒に換えるわけですね。そうすると移動しやすくなって、サンフランシスコやロサンゼルスなど行き先はどこであれ、そこで換金できますからどこにでも逃げることができます。有事に預金はあてになりません。

あり得ないこととは思いますが、日本がたとえば中国に支配されてしまい、現在の香港のようになってしまうと、持っている円が没収されて価値がなくなることもあり得るわけです。

そう考える人が、現金ではなく宝石や金に換えて隠し持つということです。

どんなにうまく隠したつもりでも税務署は見つけ出す

このように納税者の方々は多額の相続税を払いたくないので、あれやこれやと知恵を絞って財産を隠そうとするのですが、そこは税務署のほうが一枚上と考えたほうがいいでしょう。

何しろ経験値は向こうのほうが圧倒的に上なのです。それに対して納税者の方々にとって相続税の納税は、一生のうちで多くても2回程度です。

そして税務署は納税者にできるだけ多くの税金を納税させるためのプロです。

私はよく言うのですが、「税務署」の「署」は「所」ではありません。「目」の字が横に倒れている「署」です。

労働基準監督署も同様ですが、こういう「目」が横になっている機関は、性善説ではなく性悪説の立場に立っているのではないでしょうか。「何か悪いことをしているんじゃないか？」と疑うのを専門にする職業なのですね。

一方、市役所は「所」。目は横についていません。疑わなくていい職種だからです。だから財産を隠すことについては諦めたほうがいいです。

大切なのは、法律に反することなくできるだけ納税する額を抑えること。適法に「節税すること」と考えてください。

脱税をしている人は自宅電話を恐れる

何よりも脱税は心身にとっていいことは一つもありません。

これまで2万人以上の相続税の申告や税務調査対策のお手伝いをしてきて思うのは、脱税は、している人自身に精神的ダメージを与えるということです。

現在、相続税の課税対象になる方々は、自宅電話を使う世代です。脱税していると、自宅の電話が鳴るたびに「税務署からかも？」と不安に駆られるそうなのです。やましいことがなければ、自宅電話が鳴ってびくっとするなどということはありませんよね。夜の8時過ぎにかかってきた電話でも「税務署だったらどうしようと思ってしまう」と聞き、内心、「いやいや、税務署の人は夜8時過ぎに納税者に電話なんかするわけがないでしょう」と思ってしまいました。

精神的ダメージは体にもストレスを与え、病気のもととなります。

絶え間ない恐怖心に駆られて、自分の心や体に悪影響を及ぼすなどということがあっていいわけはありません。

やめておいたほうが賢明です。

ウソ、ごまかしの利かない税務調査

税務署が動き出すのは、相続税の申告期限である「被相続人の死亡を知った日の翌日から10カ月」を過ぎてからです。

ただ、生前から「この人には財産がありそうだな」と目星をつけた人については、相続発生直後から動き出している可能性はあります。

税務署は一定の所得がある人には、確定申告時に「財産債務調書」という調書の提出を求めています。

この制度は先々相続が発生したとき、相続税を確実に納税させるための制度で、各種所得金額の合計が2000万円を超え、なおかつその年の12月31日において財産の合計金額が3億円以上ある場合の他に、その年の12月31日において、所得金額に関係なく財産の合計金額が10億円以上ある場合に提出が求められるものです。

でも納税者にとってはメリットがありません。自分の預金残高をわざわざ税務署に知らせるなんて気が進まないと考える人も少なくないでしょう。

相続が発生したとき税務署にとっては「ここに財産が隠されていそうだな」とヒントになってしまうのです。

相続税の申告書を見て「この人は本来であれば調書を出さなくてはならない立場の人だった。それなのに生前、提出されていなかったということは、何か隠していることがあるのでは？」と考えるわけですね。

そして税務調査が入り、痛いか痛くないかわかりませんが腹を探られる結果になる可能性が高いです。

後ろめたいところがないのなら、提出しておくほうが不快な思いをしないで済む

税務調査というのは納税者にとって気持ちのいいものではありません。

だからもしも後ろめたいことがないのであれば、先に挙げた要件を満たすような所得・財産を持っている人は提出しておくことをおすすめします。

そのときは面倒くさいと感じるかもしれませんが、相続が発生して10カ月後、ようやく申告書を提出して一息ついたときに税務調査が入るとなれば、余計面倒な思いをすることになります。

ある程度の財産がある人は相続税の税務調査は免れない……それを前提に、できる手を打っておくほうがいいでしょう。

ＫＳＫシステムによって全国の税務署で筒抜けに

序章でも触れましたが、今や国税庁と全国の税務署がネットワークで結ばれ、何から何までガラス張りになってしまう時代です。

過去の所得税や固定資産税の情報、死亡するまでの収入、所有する不動産など、被相続人に関するあらゆる情報が入る、というのがＫＳＫシステムのうたい文句です。

被相続人が死亡して自治体に死亡届が提出されると、翌月末までに自治体の所在地の所轄税務署に死亡の情報が伝わります。

このことはあまり知られておらず、「どうせ親父が死んだことなんて税務署にはわからないだろう」「贈与してもらった財産ですと言ってごまかせるんじゃないの？」などと考えたりするのですが、一言で言うと「甘い」です。

実は税務署は贈与についてはあまり調べません。なぜかというと相続のときに調べてきっちり納税させようと考えているからです。

その分、相続のときは徹底的にやります。それが納税させる最後のチャンスだからです。ここで取り逃がしたらおしまいですから。

富裕層でなくても税務署はしっかり見ている

2015年の相続税法改正前は今よりも基礎控除額が多かったことから、「相続税の課税対象＝お金持ち」のイメージを持ち続けている人が少なくありません。

しかし改正後の基礎控除額は、従前の6割に縮小されています。たとえば、改正前であれば相続人が3人いる場合、基礎控除の額は8000万円でしたが、現行では4800万円となっているのです。

税制が変わって以来、相続税の課税対象者が拡大しました。

国税庁によると2021年（令和3年）中に亡くなった人143万9856人のうち、相続税の課税対象となった人の数は13万4275人で、課税割合は9・3％でした。

改正前の2014年（平成26年）に亡くなった人約127万人のうち相続税の課税

対象となったのが約5万6000人、課税割合4・4％であったのと比べると、倍以上になっています。

もう相続税の課税対象となるのは「お金持ち」だけとは限りません。関東地方でいえば、北は浦和、東は千葉、南は横須賀、西は高尾までの間でローンの払い終わった持ち家があり、定年まで勤め上げて退職金をもらい、2000万円くらいの貯蓄のある人であれば、課税対象になる可能性が高いです。

課税されるタイミングは「二次相続」のときです。

二次相続とは？

二次相続とは、最初の相続（一次相続）で配偶者と子供が相続したあと、その配偶者が亡くなったことで発生する二度目の相続のことです。

平均寿命からすると夫が先に死亡することから、残された妻が経済的に困窮することのないよう、相続税法では、配偶者の税額軽減の枠が多かったり、のちほど詳しく説明しますが、一定の大きさの土地を評価減する「小規模宅地等の特例」があったりと、さまざまな制度があります。

序章で取り上げたAさんの家の例で説明すると、Aさん亡きあと、妻がこれらの制度を利用できるため、結果として相続税の課税対象となりません（ただし申告は必要です）。

しかし妻が亡くなったときには、これらの制度が利用できないため、相続税の課税対象となる確率が高いのです。

実際、父親がサラリーマンで母親は専業主婦、東京近郊に持ち家と2000万円以上の預貯金・有価証券があり、二次相続で課税対象となったという方は少なくありません。

納税額は40万円から200万円とさほど大きくはないのですが、課税されている以上、相続税の税務調査の対象にならないとも限りません。

申告はきちんとしておくようにしましょう。

税務調査の勘所を知っておけば必要以上に恐れる必要なし

税務の世界では、申告書に書かれていない財産（故意であるか過失であるかを問わず申告書に「表現されていない」財産）を「不表現資産」という呼び方をします。

不表現資産のうち最も見つかりやすいのが名義預金です。

税務署は名義預金を見つけたい

名義預金とは、口座名義人がお金を出していない預金のことをいいます。

相続が発生したとき、亡くなった人が配偶者や子供などの口座を作っていて、亡くなった人が管理していた場合に名義預金と見なされ、相続財産に戻すことになるので相続税の対象となります。

税務署は市町村役場から死亡の連絡が入ると、「相続税の対象となるくらいの財産がありそうだな」と思えば、まず亡くなった方の自宅数キロ四方にあるすべての銀行にその人自身やその人の家族の銀行預金について問い合わせをします。

税務署から「誰にいくらの預金がありますか？」と尋ねられると、銀行は誠実に答えます。ここで名義預金のあたりをつけるわけですね。

たとえば夫婦のうち夫が亡くなったとき、妻名義の預金が見つかったとしましょう。果たしてこれは本当に妻自身の財産なのか？と税務署は考えます。

妻自身に収入があったり、妻の親から引き継いだ財産があったりした場合は別として、専業主婦なのに何百万、千万単位の預貯金を持っていることがわかると、税務署としては「このお金の出どころはどこなんだ？」と考えます。

「これは妻の名義を借りてお金を移動させただけで、本来は亡き夫の財産なのではないか」との推測が成立します。

このように名義は他の人の名義であっても、お金の出どころが亡くなった人である預金を「名義預金」といいます。

相続税の税務調査でいちばん見つかりやすく、見つかったら納税者はほぼ言い逃れができないので、税務署としても見つけたいのが名義預金なのです。

無記名の割引債

かつて、無記名の割引債という金融商品が存在しました。

無記名の割引債とは債券の一種で、額面から利子相当分を差し引いた金額で購入し、償還時に額面金額が払われる債券です。たとえば、900万円で無記名の割引債を買っておくと、満期時には100万円がプラスされ1000万円になって償還されるというものです。つまり額面金額と発行価額の差が実質上の利子となります。

具体的にはかつての東京銀行から「ワリトー」、みずほ銀行から「ワリコー、リッキー」、商工中金から「ワリショー」などの名前で発行されていました。

現在はマネーロンダリング防止のため、無記名のものは新しくは発行されていませんが、かつては非常に人気の高い商品でした。

今から20年近く前になりますが、相続財産隠しに巨額の割引金融債が使われていたのが発覚したことがあります。財界の大物の財産約40億円のうち16億円あまりを隠し、相続税約10億円を脱税したとして相続人である長男が相続税法違反の罪で在宅起訴されたのです。

それに使われたのが割引債でした。

もう所持している人は少ないと思いますが、今でも税務調査で割引債が見つかることはあります。税務署は被相続人の死亡前の預金の動きをチェックします。預金が引き出されていて行き先が不明なものは割引債になっていると推定します。とはいえ、無記名なのでお金の出どころははっきりしません。

そこで税務署は銀行からお金が引き出された日と同じ日に割引債を購入した痕跡を発行元に求め、徹底的に調査します。たとえばある日、銀行から2億円が引き出され、それと同じ日に無記名なので誰なのかわからないけれども、2億円の割引債が購入されていた、となると「これだ！」となるわけです。

このあたりの税務署の調査力にはいつも感服させられます。

ちなみに無記名とはいえ割引債の発行元には本人を特定するのに便利なヒントもあるようです。

また、被相続人が生前銀行から借金をしたときに、割引債を担保に入れていることもあります。担保は記録に残っているので、割引債を買ったことが判明するというわけです。

「郵便貯金はスルーされる」はウソ

「郵便貯金は申告しなくても大丈夫」と考えている人がいます。

郵便局には税務調査は入らないという噂がありますが、それはウソです。

今は昔の物語となってしまいますが、かつて郵政省対大蔵省の戦いの時代がありました。そのころは大蔵省が郵政省に配慮していたこともあります。縦割り行政の弊害ともいえますが、今はそんなことはありません。

そんな都市伝説にだまされないようにしてください。

名義預金発見のため、経歴を詳細に調べ上げる

手っ取り早く隠された預貯金を見つけるため、税務署は被相続人の経歴を徹底的に調べます。どんな学歴でどんな仕事に就いていたか、会社の規模、出世コースに乗ったか乗れなかったか、どんなスピードで昇進したか、転勤があった人の場合、それぞれの場所に何年いたのか……それを知るだけで生涯所得がどれくらいだったのか推測でき、そこから割り出して「これくらいの預貯金があってもおかしくない」と考えます。

「それにしては申告書に上がってきた預貯金の額が少ない」という場合、もう一段ギアを上げてさらなる調査へと進んでいきます。

たいていの場合、人はお金を隠したいとき、自分が今いる場所から物理的に遠い場所に隠そうとします。私たちは「遠隔地預金」などと呼んでいるのですが、福岡に赴任した人が、そのあとも各地を転々としたけれども、福岡に残した銀行口座にボーナスの一部を入金していた、などということがあるのです。

だから税務署は赴任先のすべての銀行の調査をします。そのためにまず経歴を押さ

えることが最重要課題となるわけです。

さて、名義預金は税務署にとって最も発見しやすいものなので、税務署はこれを見つけようと躍起になります。これに対抗して反論の余地を見つけ、お客様にとって有利な方向に持っていくのが私たち相続専門税理士の仕事です。

そんな私たちだからこそ見いだすことのできた、税務署と交渉して認めてもらうための裏ワザについて事例を挙げて紹介していきましょう。

裏ワザ 名義預金疑いのある預金は生活費であったと主張、減額を認めさせた例

生前、夫から妻の預金通帳に複数回にわたって100万円が振り込まれているの

を、税務署が「名義預金」と指摘。修正を求めてきました。

税務署が言うには、いずれも同日に夫の口座から引き出された１００万円が妻の口座に振り込まれている、と。だからこれは名義預金であるという論法でした。

これに対して、私たちは「夫から妻に渡された生活費である」と主張しました。生活費だから名義預金ではないという理屈です。

そして税務署に対して「これが生活費ではなく、明らかな名義預金だという証明をしてください」と言いました。その証明ができない限り、名義預金とは認めませんよと主張したところ、結果としてこちらの言い分が通ったのです。

トータルで３００万円くらいの預金でしたが、この方の場合税率が30％でしたから、約１００万円の減額ができたことになります。

これは立証責任を税務署側に持たせたことで、こちらの言い分を通すことができた例です。

納税者側が「間違えて申告をしたので、納税額を少なくしてください」ということになると納税者側に立証責任が生じます。

でもこちらが向こうの言い分にがんとして応じないと、向こうは「増額更正」というものをしなければならず、そのときは税務署側が証拠固めをして立証しなければなりません。

このケースでは税務署側が「明らかに名義預金であって、生活費ではないという立証ができなかった」ということです。

裏ワザ 父親の前に亡くなった母親からの相続財産と主張、相続税を減額できたケース

あるご家庭で父親の相続が発生しました。相続人は長男1人です。財産構成は不動産と金融資産を含めて約3億円です。

なお、母親は父親の相続開始3年前に亡くなっており、そのときは金融資産のみで

基礎控除以下だったことから申告義務はなかったため、名義変更のみ自分で行っていました。

申告後、長男名義で預金が７０００万円もあることに税務署が目をつけて、税務調査が行われることになりました。長男の給与水準では10年間で作れる預金は２０００万円が限度であり、明らかに多過ぎるため、残る５０００万円の説明がつかないというのです。

そこで私たちは先に亡くなっている母親の経歴を調べたところ、保険の外交員として少なからぬ収入があり、一家の金庫番を担っていたことがわかりました。長男名義の預金のうち、説明のつかない５０００万円の財源は母親の名義預金だったのです。

結果として、母親の財産として相続税の期限後自主申告を行い、税務署が主張してきた追加納税額２０００万円を、２００万円に圧縮、１８００万円減額させることができました。母親の税率が父親の税率より安かったことに気づいた成果でした。

裏ワザ　名義預金1億3500万円と指摘されたが運用益を主張し、減額させた例

税務署から長女の財産2億7200万円のうち、証券口座の1億3500万円が名義預金であるという指摘がありました。その1億3500万円について相続税を追加納税せよというのです。

税務署の要求として「全額を修正しろと言っているわけじゃないだろう。だから素直に修正しろ」と言わんばかりのことは、よくあることです。

しかし全部税務署の言いなりになっていたら、私たち相続専門税理士の存在意義がありません。そこで何かお客様にとって少しでも有利になる方法はないかと検討を始めました。

そこで思いついたのが、この1億3500万円はあくまでも相続発生時点の金額で

あるということです。何十年もかけて1億3500万円になったものであり、このすべてをお金の出資元である亡くなった親が出しているわけではないという点に着目したのです。

果たして丁寧に運用益を調べたところ、利益だけで8800万円ありました。昔は利回りが高かったので、元本を運用益が大きく上回っていたのです。

結果として当初税務署が言ってきた「1億3500万円」にかかる相続税を、2356万円圧縮することができました。

裏ワザ 亡くなった姉の預金が、実は相続人である妹の名義預金だった

未婚で子供のいない姉が亡くなり、両親も他界していたことから妹が相続すること

になりました。

ところが実はお金の出どころは妹自身だったというのです。発端はペイオフの発動でした。ペイオフとは、預金保険制度に加盟している金融機関が破綻した場合、預金者保護のための方法の一つである「預金者への保険金の直接支払い（ペイオフ方式）」のことを言います。

平成8年6月の制度のスタート時から平成17年3月末までは、当座預金・普通預金・別段預金は「決済性預金」と見なして全額保護の特例措置が取られてきましたが、平成17年4月以降は利息がつかない決済性預金以外、保証されるのは「1金融機関につき合算して元本1000万円までとその利息まで」になったのです。これがペイオフの全面解禁です。

妹はこれを恐れ、姉の名義で預金をしていたというわけです。

これについて詳細に説明文を書いて提出したところ、妹自身の名義預金として認められ、400万円の納税を回避することができました。

裏ワザ 税務調査を利用して長男が隠した遺産を明るみに

相続人は長男と次男の2人で、長男が財産の一部を隠していたケースがありました。次男は「もっとあるはずだ」と抗議するのですが「これしかない」と言い張って、がんとして認めようとしません。

相続税の申告は2人とも別々の税理士に依頼。私たちのもとには次男から相談が来ました。

とはいえ、私たち税理士は預金を調査する権限を持っていません。そこで税務署を使うことを思いついたのです。

申告は通常、兄弟一緒に行いますが、別々に申告することもできます。そこを利用して長男が隠していそうな金額を盛り込み「これくらいはありそうだ」という金額の申告をしました。

長男と次男の申告額に乖離《かいり》があれば、「兄弟間で申告額に差があり過ぎる」ということで税務署は調べなければならなくなります。

必ず税務調査が入ることを見越していたというわけです。

結果として、長男は「2億円」と言っていましたが、3億円を弟に隠しており、実際は5億円あることがわかりました。

自宅を訪問すると、申告内容とのズレがわかることも

私たちは、「別の税理士に相続税の申告を依頼したのだが、税務調査が入ることになったので相談に乗ってほしい」というご連絡をいただくことがよくあります。

ご相談を受ける場所はお客様の自宅だったり、私たちのオフィスだったりとケース・バイ・ケースですが、できれば自宅をお訪ねするのが望ましいと考えています。

というのも、申告内容とのズレを見つけることができる場合があるからです。

高価そうな調度品などがあると、「これはちゃんと申告書に記載されているのだろうか？」と疑問を感じます。

「家財一式500万円」など、詳しく書いておけば、税務署から細かく突っ込まれることもないのですが、それをしていないと疑いは増すばかり、という状況になりやすいからです。

また、私たちが行く前に絵を隠す人もいます。壁の絵が飾ってあった部分だけがきれいなので「ああ、ここに絵があったんだな」とすぐにピンときます。

お客様の気持ちもわからなくはないですが、まずは私たちを信用していただき、あるものは全部見せていただきたいと思います。その信頼関係があってこそ、お客様にとって納得のいくものになります。

「他に何かありましたらぜひ見せてください」と申し上げることがあるのですが、それはお客様を追い詰めたいからではなく、お客様の税務調査に協力したいからです。そのことをご理解いただきたいと思います。

「まだ何かありそう」と感じたら同意書を交わす

とはいえ、すべてのお客様がありのままを開示してくださるとは限りません。そんなときは私たちにとってリスクになることが考えられるので、必ず文書に残すようにしています。要は「私たちがお聞きしているのはこの範囲までですよ」と明確にしておくわけです。

「こんなふうに聞いたんだけど、お客様はないとおっしゃった。もしも他のものが出てきたら、それはお客様の責任になりますよ」という内容の合意書を出していただきます。

私たちとしては税務署にあれこれ反論され突っ込まれるのは仕事なので仕方のないことですが、お客様からうかがっていないことを「自分はちゃんとそちらに伝えたのに、それが反映されていないのはお宅たちの責任じゃないか」と言われると困ってしまいます。

医師が手術前に同意書を取るのと同じと考えていただくといいでしょう。

不動産の評価減はほとんど指摘がない

さて、名義預金への追及が厳しい一方、ほとんど指摘がないのが不動産評価です。

というのも不動産評価について相続税法では第22条に「時価」とあるだけだからです。憲法では税金は法律で定めていなければ課税できないとしていますが、「時価」とは何ぞや?という話です。

一応、国税側は道路1本ごとについている「路線価」に面積を乗じて算出しなさい、と言ってはいます。

とはいえ、道路はすべて同一の条件を持っているわけではありません。そこで国税庁は通達という形で「凸凹が激しいところはこのくらいで」など評価減について公表しているのですが、それでもカバーできない問題も実際として存在します。

たとえば大雨が降ったときに水が出る土地。お客様から聞いたところ、親御さんの代に大雨が降ったとき水没したという話でした。

私たちは土地の評価をするとき「自分だったらこの土地を買いたいか？　買うとしたら市場価格のプラスマイナスいくらまでなら出すか」を基準に考察するものとしています。

さて、ここでお尋ねします。みなさんなら大雨が降ったとき水が出る可能性がある土地を買いたいと思いますか？　おそらく全員が「いいえ」と答えることでしょう。世間相場というのはそういう部分で決まるものです。

しかし税務署の通達の範囲では、そうしたことについては一切触れられていません。だから、もしその土地に水が出るなどの瑕疵《かし》があれば、「こういう理由でこの土地の価格はこれくらい。これが世間相場です」と申告書に理由書をつけて提出します。

結果として、ほとんどの場合これで通ります。

隣にカラオケスナックがあるとか、目の前が墓地などというのも同様です。墓地については隣にあったら10%減額できるのですが、不思議と「家の前」については何の記載もありません。

家の前が墓地だったら開けてはいますが、「日当たりがいいから良いよね」と思う人はいないでしょう。「え!?　お墓!?」という反応が一般的だと思います。

そこで写真付きの理由書を添付して申告するわけです。

この趣旨からいくと、最初から税務署が「目の前がお墓の場合は評価減になりますよ」と言ってくれてもよさそうなものなのに、なぜかそうは言ってくれません。

隣は評価減になると通達が出ているのに、目の前だったケースについては触れない。なんとも釈然としないものを感じてしまいます。

不動産の評価については、続く第2章で詳しく紹介していきます。

実際の税務調査

私たちがお客様に差し上げている「相続税の税務調査にあたって」という書類をご紹介します。税務調査がどういうものか、ご理解いただくための参考にしてください。

1　税務調査の目的

亡くなられた方が生前築き上げられた財産につき、申告漏れがないか否かの確認を、親族様からの聞き取り、家の中の主要な財産の保管場所の状況把握、会計帳簿・通帳・証書・証券等の現物確認を通して行います。

2　税務調査の当日のスケジュール

①当日午前10時から17時頃まで行われます。
12時から13時までの1時間は昼食休憩を取ります。
この間、調査官は外出します（調査官の食事の用意は不要です）。

②1日のスケジュール
＜午前＞
○おおむね次の点について質問されます。
・故人の出生場所から現在までの居住地の変遷
・故人の職歴
・故人の死亡の原因、死亡までの病状（意思能力）、入院先、入退院の経過
・故人の趣味

・遺言書の有無
・相続人の家族構成、職歴、収入の有無
・相続人の自宅所有の有無、購入資金
・故人のお金の管理方法（日々のお金・預金の出し入れ）
・本人が管理していたか、または親族の誰かか
・死亡直前は誰が行っていたか
・故人とそのご家族の1カ月の生活費
・相続人（当日立ち会う方。以下同）が生前贈与されたものはあるか
・相続人の取引している銀行・証券会社、その支店名
・相続人の保有している株式、不動産等
・相続人の郵便局関係の商品はあるか（通常貯金、定額貯金、簡易保険）
・貸金庫はあるか（ある場合は当日行く場合があります）
・故人の書類（特に権利書、実印、通帳、株式等）の保管場所はどこか

・有価証券類の保護預かりはあるか（どこの証券会社か）
・光熱費などの支払い口座
・不動産賃料の入金方法
・現金集金、管理会社の有無（物件別に）
・相続財産をどのように確認したか
・借入金の使いみちは

〈午後〉
午前中の質問に基づき次の調査を行います。
・各部屋の引き出し類の中身の確認
・金庫の中身の確認
・貸金庫があれば同行して中身調査

第2章

役所が教えてくれない不動産の評価

相続財産に不動産が多いとモメやすくなる

この章では不動産の相続と評価についてお話ししていきたいと思います。

いちばんすっきりと遺産分割が終わるのは、相続財産が現金だけだった場合です。現金はそのままの金額が１００％相続税評価額になりますし、法定相続分できっちりと分けることができます。

中には「きょうだいの中で自分がいちばん親の面倒を見たので、他の人よりも多く欲しい」など、不満を感じる人もいるかもしれませんが、他のきょうだいがその人の取り分を若干多くするなどの配慮をすれば何とか円満に解決するでしょう。

これに対して、いちばんモメやすいのが不動産です。特に相続財産のうち現金の割合が少なく不動産がほとんど、という場合は要注意です。

きょうだいのうち、兄は「全部売って現金化しようぜ」と言う。妹は「あの土地には思い出があるから手放したくない」と言う。「うちには現金がほとんどないから土地を売らないことには納税できない」と兄が訴え、「そんなの、私には関係ない」と妹がしりぞける。

こんなことが起こりやすいのが不動産の相続なのです。

しかも不動産の評価は難しく、精通した税理士の数もそう多くないので、本来、納めるべき税額よりも多く納税する羽目になる可能性が高くなります。

さまざまな意味でトラブルのもとになりやすい不動産ですが、きょうだい間のモメごとの解決策については後ほどお話しするとして、まずは不動産の評価の難しさについて見ていきましょう。

土地は「一物四価」

不動産の相続税評価額は、相続税法で「時価」と書かれているのみ、ということは第1章で説明した通りです。

しかしこれではあまりに漠然としているため、「路線価×面積」で算出するように、との通達が出されました。路線価というのは、道路に面する標準的な宅地の1㎡あたりの価格のことをいいます。

従って相続税の評価額においては路線価が基準とされているのですが、他にも複数の公的価格があり、「一物四価」（1つのものに4つの価格がある、の意）と言われています。

①公示価格

国土交通省の定める一般の土地取引価格の指標となる価格で、毎年1月1日時点の価格がその年の３月下旬に公表されます。

②基準地標準価格

都道府県が定めるもので、公示価格の補完として一般の土地取引価格の指標となる価格です。毎年７月１日時点の価格が、その年の９月下旬に公表されます。

③固定資産税評価額

市区町村が定めるもので、固定資産税や不動産取得税などの算出基準となる価格です。３年ごとの１月１日の価格がその年の３～４月に公表されます。

評価の目安は公示価格の70％です。

④相続税路線価

国税庁の定めるもので、相続税や贈与税の計算の基礎となる価格です。毎年１月１日の価格がその年の７月初旬に公表されます。価格の目安は公示価格の80％です。

図1：土地公的価格

	公示価格	基準地標準価格	固定資産税評価額	相続税路線価
内容	一般の土地取引価格の指標	一般の土地取引価格の指標（公示価格の補完）	固定資産税、不動産取得税、登録免許税などの税金の計算の基礎となる価格	相続税や贈与税の計算の基礎となる価格
基準日	毎年1月1日	毎年7月1日	1月1日（3年に一度評価替え）	毎年1月1日
公表時期	3月下旬	9月下旬	3〜4月	7月初旬
決定機関	国土交通省	都道府県	市区町村	国税庁
評価の目安（対公示価格）	100%	100%	70%	80%

この他にも、公的な価格ではありませんが、「実勢価格」というものがあります。

簡単に言うと、実際の不動産取引において「いくらで買われているのか」を基準とする価格です。

不動産価格の評価が税理士の腕の見せどころ

不動産は一つとして同じものがありません。その点が人間とよく似ています。

あなたに似た人は世の中にい

るかもしれませんが、あなたと同じ人はいません。不動産も同様です。

ましてこれだけ評価基準があり、なおかつ第1章でも触れましたが、相続税評価額の基準となる路線価は、個別の土地の事情をすべて考慮していません。同じ道路に面していれば1㎡あたりの単価は同じになります。

路線価で一律に決められた土地から、評価減となるポイントを見つけ出し、申告書に反映して納税者の方々の利益に資するのが税理士の腕の見せどころとなります。

宅地の評価ポイントとして重要なのが、次に紹介する「接道義務を満たしているかどうか」です。

接道義務

接道義務は建築基準法第43条で規定されています。建築基準法というのは建築物の敷地や設備、構造、用途などについて、その最低基準を定めた法律です。

いわば建築法規の根幹をなす法律ですが、その中で「原則として建築物の敷地は道路に2m以上接している必要がある」と定められています。

また、道路の定義については建築基準法第42条に規定されています。

以下、建築基準法第42条の原文です。


この章の規定において「道路」とは、次の各号のいずれかに該当する幅員四メートル（特定行政庁がその地方の気候若しくは風土の特殊性又は土地の状況により必要と認めて都道府県都市計画審議会の議を経て指定する区域内においては、六メートル。次項及び第三項において同じ。）以上のもの（地下におけるものを除く。）をいう。


これ、どういう意味かわかりますか？

つまり「道路は4m以上でないと道路と認めないよ」「それどころか6mないと認めてもらえない区域もあるよ」「さらにはそれらの幅員の道路に2m以上接していないと建物は建てられないよ」ということです。

まとめると、「道路」の幅員は4m（場所によっては6m）以上なくてはならず、その「道路」に2m以上接している場合に限って建築物を建てることを許可する……これが接道義務です。

でも考えてみてください。幅員が４ｍどころか２ｍにも満たないような道路が日本のあちらこちらに存在しています。しかもその狭い道路に面して、家がびっしり立っている地域も古くから開けた土地にはいくらでもあります。

それもそのはず、この「接道義務」に関する法律が制定されたのは戦後の１９５０（昭和25）年です。この法律の制定には、戦後でこれから新しい家がどんどん建っていくタイミングということ、これから自動車が増え、幅員の広い道路が必要になるだろうということ、さらには消防車や救急車などの緊急車両が入れるようでないと、国民生活の安全が脅かされるといったことがあったと予測されます。

そのため今後は４ｍ以上の道路に２ｍ以上接していない土地には、家を建てられないようにしようというのがこの法律の狙いです。

接道義務の例外としての「2項道路」

でも実際には幅員４ｍもない道路に立っている家はたくさんありました（今でもあ

ります）。それらをただちに違法建築物として取り壊してしまうことはできません。
そこですでに立っている家を救済するために、建築基準法第42条2項で例外を設けることとしました。それが2項道路です。

〈2項道路〉
①幅4m未満の道路であること。
②建築基準法が適用された時点で、その道路に面して現に建築物が立っていたこと。
③一般の交通に利用されていること。
④特定行政庁の指定を受けていること。

2項道路の不動産の建て替えには「セットバック」が必要

さて、2項道路に指定された場合、その道路は建築基準法上の道路として制限を受

図2：セットバック部分とは

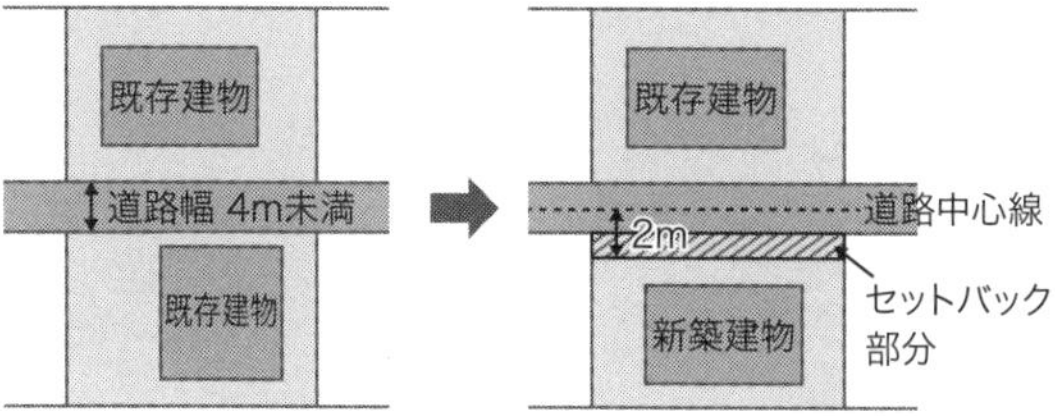

（出典：All About「法42条2項道路とセットバック［不動産売買の法律・制度］」）

けることになりました。

２項道路は、今現在は幅４ｍ未満であったとしても、将来的には幅４ｍ以上にすることが想定されています。

すでに２項道路に面して立っている住宅に住むことは何ら問題はありませんが、建て替える場合には、道路を４ｍに近づけるよう、道路の中心から２ｍを超えている家の敷地部分を後ろに下げ、道路として提供しなければなりません。これを「セットバック」といいます。

たとえば幅３ｍの２項道路に新たに家を建てる場合、真ん中からの距離は１・５ｍです。中心から２ｍとするには０・５ｍ足りません。するとその０・５ｍ分は道路として提供しなくてはならなくなるのです。

セットバックを必要とする宅地は評価減の対象に

接道義務を満たしている土地に比べて、セットバックを必要とする土地は所有者が活用できる面積が少なくなってしまいます。

そのようなわけで、道路の中心線から建築物の敷地までの距離が2m未満の土地については、相続税評価をする上では評価減の対象になります。つまりこれに該当する土地を相続した場合、相続税が減額できるということです。

〈計算式〉

セットバックを必要とする宅地については、次の計算式により計算することになっています。

セットバック補正後の価額＝補正前の自用地価額－補正前の自用地価額×（セットバック面積÷総敷地）×0・7

相続税をたくさん納税する義務のある人（ざっくり言うと「お金持ち」）の中には、古くからの地主の家系の方が少なくありません。
建築基準法第42条の２項道路（接道義務）に関する法律ができる前から周辺の土地を多数所有していて、相続した不動産がことごとく接道義務を満たしていないということもままあります。

なお、接道義務を満たしていない土地の中には、「２項道路」の要件を満たさず再建築不可物件のものもあります。文字通り、その土地に立っている既存の建物を壊して、新たに建築することが不可能な土地、ということです。

裏ワザ　10億円が還付されたケースも

私が経験した中では、すでに申告・納付済みの相続税が10億円ほど還付された例がありました。

すでに相続税の申告・納税を済まされた方が、知人に「相続税の負担が想像した以上に重かった」と話したところ「お宅の土地は細い道路に面しているものが多かったのでは？　その分の土地の評価減がなされていないんじゃないか」と言われ、更正の請求（納税者側から相続税の減額変更を求めること）をしたいということでお見えになりました。

調べてみたら接道義務を満たしていない土地が出てくるわ出てくるわ……他にも本来、減額になるはずの土地の評価額がすべて適正な評価を行わず評価されており、これが膨大な相続税につながっていたことがわかったのです。

そもそも還付された額が10億円だったということから、当初の納税額がどれほど大きかったのかおわかりいただけることでしょう。

この方は戻ってきた10億円のうち1億円を使って、ご自分にとって終《つい》のすみかとなるであろう家を建てました。「長年理想としていた満足のいく家を建てることができました。ありがとうございます」と言ってもらい、とてもうれしく思いました。

知ると知らないとでは大違い……それが土地の評価なのです。

相続税に明るくない税理士が存在する理由

このお客様も、「自分の手には負えないからこそ税金のプロである税理士に頼んでいるのに、なぜ相続税の額に10億円の違いが出ることになるのだろう」と不思議がっていました。

確かに同じ「税理士」という資格を持った人間が行っていることなのに、納税額に10億円もの差がつくことに疑問を抱くのも無理はありません。

このケースは還付された額が10億円と大きく、ある意味極端なケースといえますが、これに似たようなことは日本各地で起こっていると私は見ています。

依頼したのが不動産評価を正しくできる税理士ではなかったからです。

今回の例に関しての理由はただ一つ。最初に担当した税理士が「接道義務を満たしていない土地は相続税の評価減になる」ということを知らなかったからです。

一般の方の感覚からすると「どうしてそんな顧客にとって相続税の額を大きく左右するかもしれないことを、税金のプロである税理士が知らないんだ!?」と思われることでしょう。さらに言えば「そんなポンコツな税理士がなぜ存在するんだ!?」とも思われるかもしれません。

しかし、同じ資格を持つ人間として意見を述べるとすれば、「接道義務を満たしていない土地の評価が減額になることを知らなかったからといって、ただちにその税理士が無能であるとはいえない」というのが率直なところです。

というのも、税理士は「法人税を専門とする税理士」と「資産税（相続税・贈与税）を専門とする税理士」の二つに大きく分けられるのですが、前者のほうが圧倒的に数が多く、後者は極端に少ないからです。

特に相続税については、私たちのような相続税を専門とする税理士法人に依頼が集中しやすい状況にあります。

このことは医療の世界と同じように考えていただくと理解しやすいでしょう。私たち素人は医師と聞けば、どんな病気についても知識があり、治療もできるだろうと考えがちです。でも私の友人の医師に言わせるとそんなことは全くないそうです。医師の世界では税理士の世界以上に細分化が進み、自分の専門分野については深く理解し、臨床経験も豊富だけれど、専門外のことになると全くわからないというのです。

税理士にも同じ現象が起こっていると考えていただくといいでしょう。多くの税理士は法人税をメインにしています。法人税は顧問契約になるので、毎月顧問料が得られて収入の安定につながるので、税理士にとってはありがたいのです。

では彼らが相続に関しても明るいかというと、そうとは言い切れないのが正直なところです。

そもそも1年間の相続税の申告数は２０２２（令和４）年の場合、約15万件。それに対して同年3月末の税理士登録者数は約8万人。単純計算すると税理士１人あたりの相続税申告担当件数は約１・８件に過ぎません。

先ほどもお話ししたように、そのうち多くの案件に大手の相続を専門とした税理士法人が関わっていると予測されるので、相続税の申告数ゼロの税理士が相当数存在するはずです。

実戦経験を積んでいないので相続税に関する細かい通達まで熟知しているとは限らない、というのが現状です。

とはいえ、彼らが法律違反をしているわけではもちろんありません。法令を遵守し、むしろ税務署側にとっては有利な（＝その分、納税者にとっては不利な）申告をしているわけです。

相続税申告の実績があり、相性のよさそうな税理士を見つける

だからもしもあなたの家で相続が発生して、相続税の申告を税理士に頼むとしたら、その選定には慎重になる必要があります。ホームページを見て相続に詳しそうかどうかあたりをつけて、いくつかあたってみるといいでしょう。

税理士との相性も相続をスムーズに終わらせる上で重要な要素になります。

特に相続税の場合、お客様のプライベートな部分にかなり踏み込んでいくことになります。少しでも「この税理士さん、話しにくい」とか「こんなこと言ったら怒られそう」と感じてしまうと、税理士との信頼関係を築くことが難しくなります。

相続に関するどんなことでも柔軟に受け止めてくれて、話しやすくいろいろな相談に乗ってくれそうな税理士をぜひ見つけてください。

初回の相談は無料としている事務所もあるので、利用するといいでしょう。

相続財産の中に「計画道路」が含まれていた！

世の中には「計画道路」というものが存在します。都市計画で定められるもので、その名の通り「これからこの部分に道路を通しますよ」という計画に該当する道路のことです。

だからと言って、計画道路に該当する土地に「ここは○年に道路になります」と看板が出ているわけではありません。計画道路は見えないところで計画が進められているのです。言葉は悪いですが、本人の承諾もなく役所が勝手に「ここ、道路ね」と線を引くイメージです。

あなたは自分の土地の一部が道路になると想像したことがありますか？　おそらく一般的にあまりそういう想像はしないでしょう。

ところがその「想像もしなかったこと」が起こるのが計画道路なのです。

何かの理由があって所有者本人が役所に行って調べたり、何かの折に役所から伝えられたりして「そうだったのか」とわかるという代物です。

自分の土地で自由にできると思っていたけれども、ある日突然「あなたの土地、計画道路にかかっていますよ。ほら線が引かれているでしょう」と宣告を受けてしまう。まさに青天の霹靂《へきれき》です。

計画があるんなら、さっさと言ってよ、こっちにも計画があるんだから、と言いたくなりますよね。

計画道路に該当する土地を持っている場合、いずれ収用されるので建物の解体・建て替えや転居が必要となる場合があります。

相続税評価では評価減の対象になる

では相続した土地が計画道路に該当していた場合はどうなるでしょうか。

将来、道路が入る土地なので、当然、建築制限がかかります。自由に建物を建てることはできませんし、売ろうとしても買い手がつきにくいこともあるでしょう。

すると当然、その土地は制限がかかっていない周辺の土地よりも価格が安くなるわけです。

そこをわかっている税理士であれば、計画道路について調べたことを土地の評価に反映させ、土地の評価額を適正に算出して申告します。

建築に制限がある土地なので、当然評価は下がり、それに対して役所が反論してくることはありません。

もしこれを知らないと、先ほどの接道義務同様、適正な評価減を行わずに申告してしまい過大な納税をすることになってしまいます。

計画道路はいつ実現するかわからない

2022年に、新橋から築地に抜けて行く環状2号線が全線開通したのをご存じですか？　この道路、なんとマッカーサー道路と言われています。

戦後、1945年から1950年まで、連合国軍総司令部（GHQ）が日本を占領し、マッカーサーが日本における最高権力者（GHQ最高司令官）として民主化を進めていたときに計画された道路なのです。

戦後78年にしてようやく実現したというわけです。

この例からもわかるように計画道路は実現がいつになるかわかりません。

数カ月前、港区内のマンションに住んでいるお客様で、マンションの横の道路を拡張するため、自分の土地を提供したという方がいました。

その土地の収用代金としてお金が入ってきたのでマンション所有者全員で分けて、1000万円ずつもらったそうです。

「思いがけないお金が入ってきました」と喜んでいらっしゃいました。

計画道路は都内にけっこうあります。戦後きれいに区画整理されたところよりも、戦前から人が多く住んでいて、こう言っては失礼ですが、ごちゃごちゃしているところは「将来的にやりましょう」と計画に入っていることが多いようです。

東京では足立区や北区などに多いですが、中には渋谷区にもあります。さすがに新宿区の四谷や千代田区の二番町・三番町あたりの武家屋敷だったところにはありませんけれどもね。

裏ワザ　駐車場を通らないと自宅に入れなかったケース

この案件では、納税者側（の税理士）は駐車場と自宅を一体として利用していると主張。それに対して税務署は別々に評価するという主張をしてきました（図3）。

南に道路があり、「月極駐車場」が敷地の手前にあって、北西側に自宅と家庭菜園があります。西側は水路なので、これは道路には該当しません。

このような場合、原則的には自宅と駐車場の評価は別々に行うことになります。なぜなら、現況の地目別に評価をすることが財産評価基本通達に定められているからです。

しかし、この土地に関していえば、自宅だけでは単独で成立しません。というのも、道路に面しているのが駐車場だけだからです。

すなわち駐車場を通らないことには、家に入ることができないわけです。

そこで我々が何をしたかというと、「一体的な土地として評価せざるを得ない」と主張しました。

かつて存在した通達「広大地の評価」が適用されて税額が減額された

この土地の面積は1600㎡です。2017年12月31日をもって廃止されました

図3:「広大地の評価」が適用されたケース

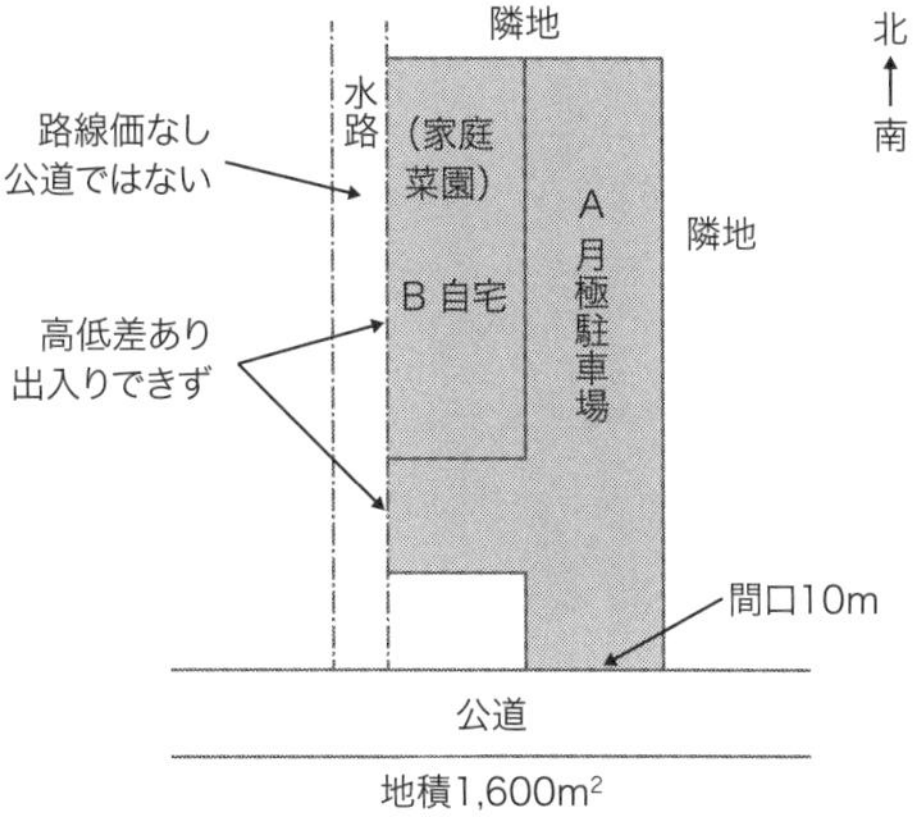

が、当時、５００㎡以上の土地を相続した場合、土地評価額を最大65％下げられる「広大地の評価」という通達がありました。この通達では一つの利用単位の地積が大きいほど減額率が大きくなる算式となっていました。

そこで「この土地は自宅だけでは成立せず、駐車場と一体化すべきだ」という主張を不動産鑑定士や地元の不動産業者に「自宅部分単体で通常の宅地として利用できますか？」と尋ねるなどして、いろいろな方々の意見をつけて説明しました。

税理士である私たちがいくら「一体化した土地で広大地に該当する」と言っても、

根拠が薄くて弱いですから。

税務署はというと、はじめのうちはいろんなことを言ってきました。最初は西側の水路について「ここから家に入れるんじゃない？」なんてありえないことまでも。橋もかかっていないのに、どうやって出入りできるというのでしょうか。

そのあたりも建築基準法を持ち出して説明しました。

その結果、相続税を２９００万円減額することができたのです。

裏ワザ 相続した土地が「仮換地」だった

ちょっと特殊ですが、相続した土地が「土地区画整理事業の施行区内」だったケースもあります。

古くから開けていた場所で区画整理が進められることがありますが、その場合、所有者の持つ土地を他の土地と交換します。これを「換地」といいます。

対して「仮換地」というのは「仮の」「換地」。交換がまだ済んでいない状態の土地をこう呼びます。

たとえばこんなケースがありました。その土地は仮換地指定はされているものの使用・収益を開始できない状態の土地なので、従前地の宅地の価額により評価する土地となりますが、被相続人の生前に、区画整理のために国に対して従前地の大部分を道路として貸すことが決まっており、契約も済んでいましたが地代は入ってきていません。

相続人が自由にできない土地でもあり、自治体に確認したところ工事のめども立っていないということだったので、ほとんど価値がないと考え、相続税評価額０円として申告したところ、税務署から「従前地の宅地の価額としての評価をしなさい」と言ってきました。

結局、安い地代を基に現在価値を算定してもほぼ価値は出ないという文書をつけて反論し、認めてもらうことができたのです。

税務署の言う通りにしていたら3000万円を超える税額差だったので、お客様にはたいそう感謝されました。

裏ワザ 住宅が住宅系地域と商業系地域にまたがっていて、商業系地域の高い路線価で評価されていたケース

建物を建てられる土地にはほとんどの場合、都市計画法という法律によって定められた「都市計画」が存在します。

都市計画法で指定された区域を「都市計画区域」といい、都市計画区域内ではどの土地にどういう用途の建物を建てることができるか、さらには建ぺい率（土地に対してどれくらいの建築面積の建物が建てられるか）や容積率（土地に対してどれくらいの総面積の建

図4：用途地域一覧

<table>
<tr><th></th><th>用途地域</th><th>内容</th><th>建ぺい率(%)</th><th>容積率(%)</th><th>共同住宅</th></tr>
<tr><td rowspan="8">住居系地域</td><td>第一種低層住居専用地域</td><td>低層の住宅専用地域</td><td rowspan="5">30
40
50
60</td><td rowspan="3">50·60·80·
100·150·
200</td><td>○</td></tr>
<tr><td>第二種低層住居専用地域</td><td>低層の住宅専用地域
（小規模な店舗であれば立地が認められている）</td><td>○</td></tr>
<tr><td>田園住居地域</td><td>住宅と農地が混在する地域</td><td>○</td></tr>
<tr><td>第一種中高層住居専用地域</td><td>中高層の住宅専用地域</td><td rowspan="6">100·150·
200·300·
400·500</td><td>○</td></tr>
<tr><td>第二種中高層住居専用地域</td><td>中高層の住宅専用地域
（必要な生活施設の立地が認められている）</td><td>○</td></tr>
<tr><td>第一種住居地域</td><td>住宅を主とした地域
（小規模な店舗・事務所の立地は認められている）</td><td rowspan="3">50
60
80</td><td>○</td></tr>
<tr><td>第二種住居地域</td><td>住宅を主とした地域
（大規模な店舗・事務所の一部制限をしている）</td><td>○</td></tr>
<tr><td>準住居地域</td><td>一部事業施設と住宅地が調和する地域</td><td>○</td></tr>
<tr><td rowspan="2">商業系地域</td><td>近隣商業地域</td><td>近隣住民の利便性を図る地域
商業施設・事務所他、多用途の建築物を計画可能</td><td>60·80</td><td>○</td></tr>
<tr><td>商業地域</td><td>商業等の業務の利便の増進を図る地域
近隣商業地域同様、多用途の建築物を計画可能</td><td>80</td><td>200·300·
400·500·
600·700·
800·900·
1000·1100·
1200·1300</td><td>○</td></tr>
<tr><td rowspan="3">工業系地域</td><td>準工業地域</td><td>環境悪化の恐れのない工場の利便を図る地域
住宅や商店も建てることができる</td><td>50·
60·80</td><td>100·150·
200·300·
400·500</td><td>○</td></tr>
<tr><td>工業地域</td><td>工業の業務の利便の増進を図る地域
どのような工場も建築できる</td><td>50·60</td><td rowspan="2">100·150·
200·300·
400</td><td>○</td></tr>
<tr><td>工業専用地域</td><td>工業の利便の増進を図るための専用地域
工業団地</td><td>30·
40·
50·60</td><td>×</td></tr>
</table>

物が建てられるか）などが細かく決められています。

この都市計画区域内の土地の用途等を決めたものを「用途地域」といいます。用途地域は13種類に分かれており、それぞれ建ぺい率や容積率が異なります。たとえば一般的に小さな土地に高層階の建物を敷地目いっぱいに建てることができるのは商業系地域ですし、逆に良好な住環境を確保するためにある程度の庭を確保しなければならないのが住宅系地域となります。

私たちのもとに相談が持ち込まれたのは、相続した土地が商業地域と住宅地域にまたがっているというケースでした。

表側が大きな通りに面していて商業地区、裏側が住宅地区だというのです。それぞれ容積率が異なるのですが、路線価は目の前の道路にしかつかないので、通常は土地全体が評価の高い商業地域の路線価になります。

実際の家の図面を見ない限り、その建物が2つの用途地域にまたがっていることを知ることができません。お役所仕事的に「表に面している方の路線価」で一律に計算されてしまうのです。

そこで私たちは都市計画図を役所で取り寄せました。

商業地域は容積率が高いので利用価値が高い分評価が高く、逆に住宅地区の場合は容積率が低く評価は下がるので、容積率の異なる2つ以上の地域にわたる宅地の場合の「調整計算」を使って計算し直し、無事に適正な評価額を提示することができました。

裏ワザ　市街地にある山林を通常の路線価方式で評価していた

市街地にある山林を整地するには高額なコストがかかります。そのため整地をせず手をつけられないままになっている山林が存在します。

整地にあたってのコストを考慮して、財産評価基本通達では次のような評価方式で評価することになっています。

・宅地比準方式

（その山林が宅地であるとして評価した1㎡あたりの価額 − 1㎡あたりの造成費）×地積

・倍率方式

固定資産税評価額×倍率

なお、市街地山林が宅地転用が見込めないものである場合には、近隣の純山林の価額に比準して評価します。

ところが相談に来たお客様が最初に依頼した税理士は、通常の路線価方式で評価してしまったために相続税評価額・納税額ともに莫大なものになり、驚いたそうです。

そこで、セカンドオピニオンを求めて私たちのところに来てくださいました。

その山林は急傾斜地であり宅地転用は見込めない土地であったため、純山林の価額で評価し直したところ、税の減少効果が5000万円にも上りました。

高低差、がけ地、不整形地、土壌汚染……評価減が適用される土地はいろいろある

土地の形状は、正方形や長方形が最も利用しやすく、変形していると利用価値が下がります。

そこで相続税の評価にあたっては、土地の形状によってさまざまな評価減が適用されています。

①高低差のある土地

道路より高い位置または低い位置にある宅地で、その付近にある宅地に比べて著しく高低差がある場合、評価減の対象となります。

同じ路線価の同一の道路に接している宅地の中に他の宅地と比較して道路より著し

く高い宅地であったとしましょう。

その宅地は建物の建築時に余分な建築コストがかかります。

このような形状の土地を、平たんな土地と評価額を同じにしてしまうと、不公平になってしまいます。

そこで高低差のある土地は平たんな土地に比べて利用価値が著しく低下するとして、10%の評価減が認められています。

ちなみにこの場合の「10%」のように適正な評価額を算出するための乗率を「補正率」といいます。

②がけ地

がけ地とは傾斜が急なため宅地の利用が難しい土地のことです。建築基準法施行条例では、30度以上の傾斜がある土地をがけ地としています。

山などの斜面を切り開いて宅地開発された土地では、平たんな建物敷地部分と、擁壁などのがけ地部分を併せ持っていることがよくあります。

平たんな部分を多くするため、がけ地部分は急斜面になっていることが多いのですが、当然のことながら、がけ地部分は用途が極端に限られてしまいます。

そこで相続した土地が路線価地域に存在する「がけ地等を有する宅地」の場合、路線価にがけ地補正率をかけて路線価の減額補正を行い、相続税評価額を算出します。

③ 不整形地

不整形地とは、正方形や長方形以外の形の、整っていない土地のことをいいます。たとえば土地の隅にあたる部分が欠けている「隅切り地」や、三角形をした「三角地」、敷地への入り口が細くて比較的長く、旗竿のような形状の「旗竿地」の他、斜線が含まれた土地や境界が一直線でなくギザギザしているものなども「不整形地」となります。

こうした整っていない形の土地は、先祖代々受け継がれてきたような古い土地に多く見られます。

不整形地は正方形や長方形の土地に比べて、建物が建てにくかったり駐車スペース

図5：不整形地の例

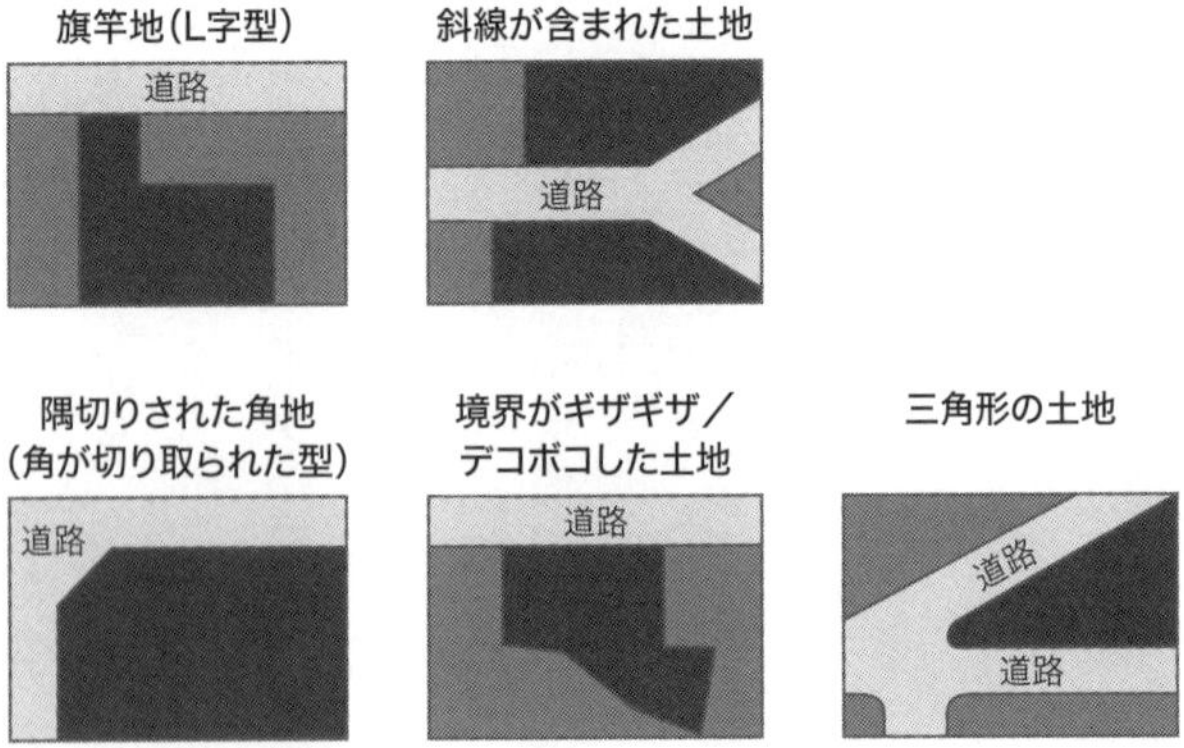

（出典：税理士法人レガシイ）

が取りにくかったりといったデメリットがあります。

土地を有効に活用できない部分が出てくるのを評価額に反映させるため、「不整形地補正率」が定められています。

これによって同じ立地、同じ広さの正方形や長方形などの使い勝手のいい土地よりも、評価額を抑えることができる仕組みになっています。

ちなみに、不整形地の評価方法には次のようなものがあります。わかりやすくするため、ごく簡潔に原則部分だけを説明します。とはいえ、専門的な話ではありますので、関係のない方は読み飛ばしていただい

図6：不整形地の評価方法

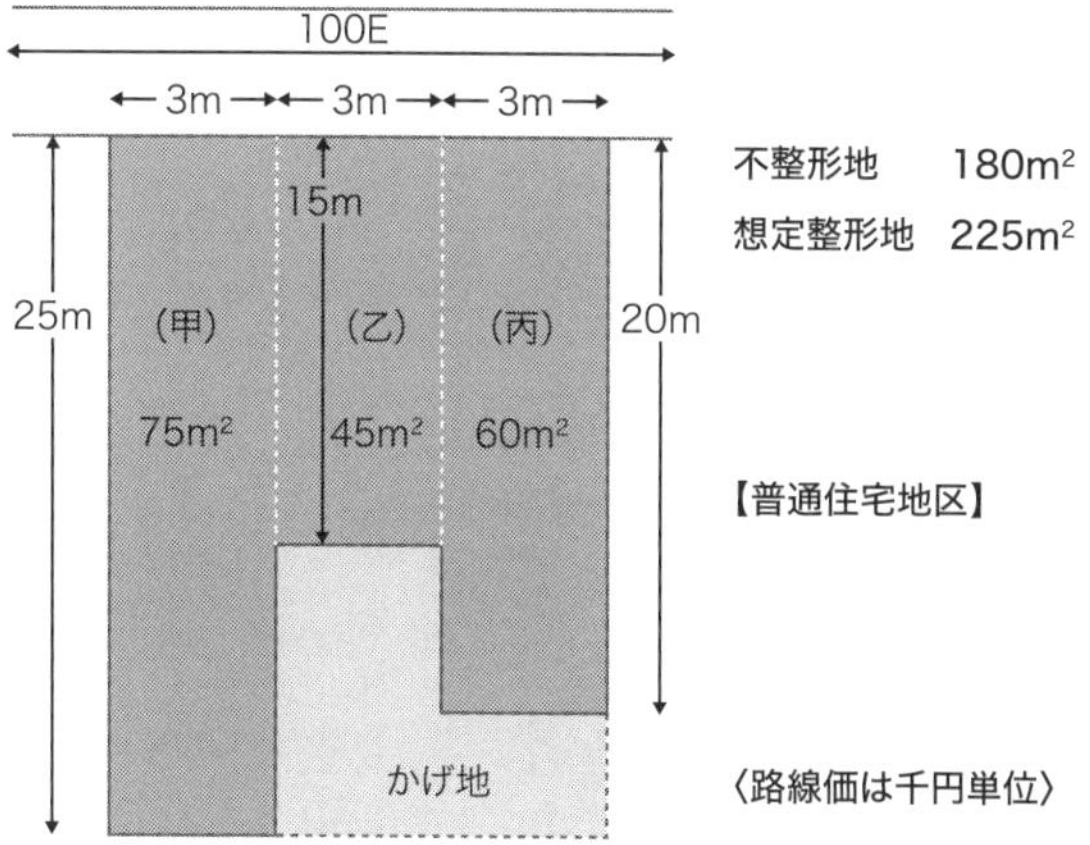

（出典：国税庁「不整形地の評価――区分した整形地を基として評価する場合」）

てもかまいません。

１　整形地に区分して評価する方法

不整形地を整形地（正方形や長方形）に区分して計算する方法です。たとえば図６のような土地は、甲地、乙地、丙地の３つの整形地に区分して評価し、その総和を求め不整形地補正率をかけて算定します。不整形地補正率は国税庁のホームページで確認することができます。

図7：計算上の奥行距離を使う方法

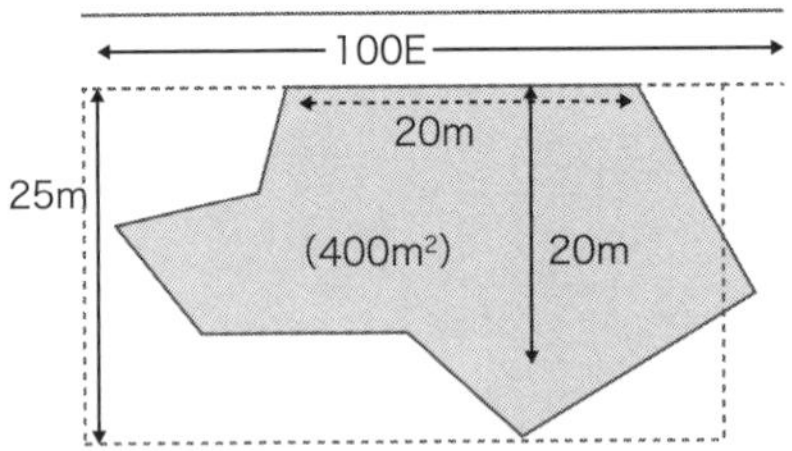

【普通住宅地区】
〈路線価は千円単位〉

―― 線 不整形地	400m²
------ 線 想定整形地	700m²
←→ 線 計算上の奥行距離	20m

（出典：国税庁「不整形地の評価――計算上の奥行距離を基として評価する場合」）

2 計算上の奥行距離を使う方法

図7のような土地は「不整形地÷間口距離」で割って求めた「計算上の奥行距離」を基にして土地の価格を算出します。

「計算上の奥行距離」と「想定整形地（不整形地の全域を囲む正面路線に面するく形又は正方形の土地）の奥行距離」のうち、小さいほうを算定基準に使い、不整形地補正率をかけて算出します。

3 近似整形地を使う方法

図8のような土地は、その土地とおおむね地積が等しくなる整形地（近似整形地）を求めます。

図8：近似整形地を使う方法

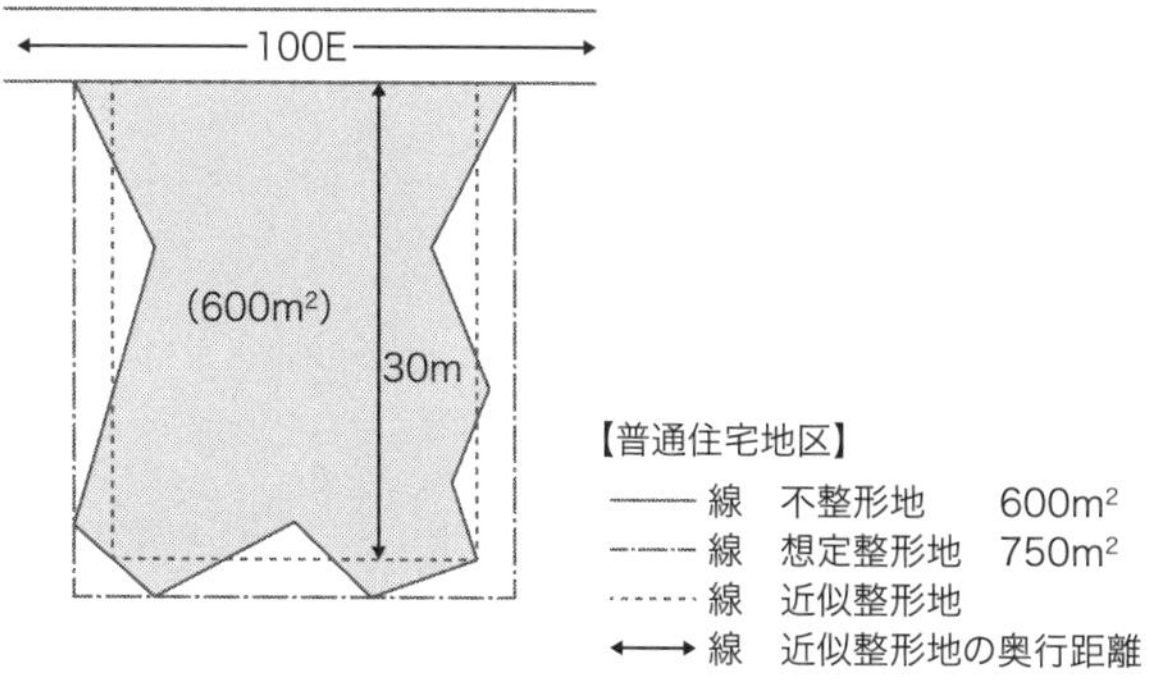

〈路線価は千円単位〉

（出典：国税庁「不整形地の評価——近似整形地を基として評価する場合」）

内側の点線分が近似整形地となります。

近似整形地の奥行距離を算定基準に使い、不整形地補正率をかけて算出します。

4　差し引き計算をする方法

評価の対象となる不整形地から求めた近似整形地と「隣接する整形地」を合わせた整形地の価額から、隣接する整形地の価額を差し引いた価額をその不整形地の地積で割った１㎡あたりの単価に不整形地補正率をかけて算出します。

図９に挙げた形状の不整形地に適した評価方法です。

図9：差し引き計算をする方法

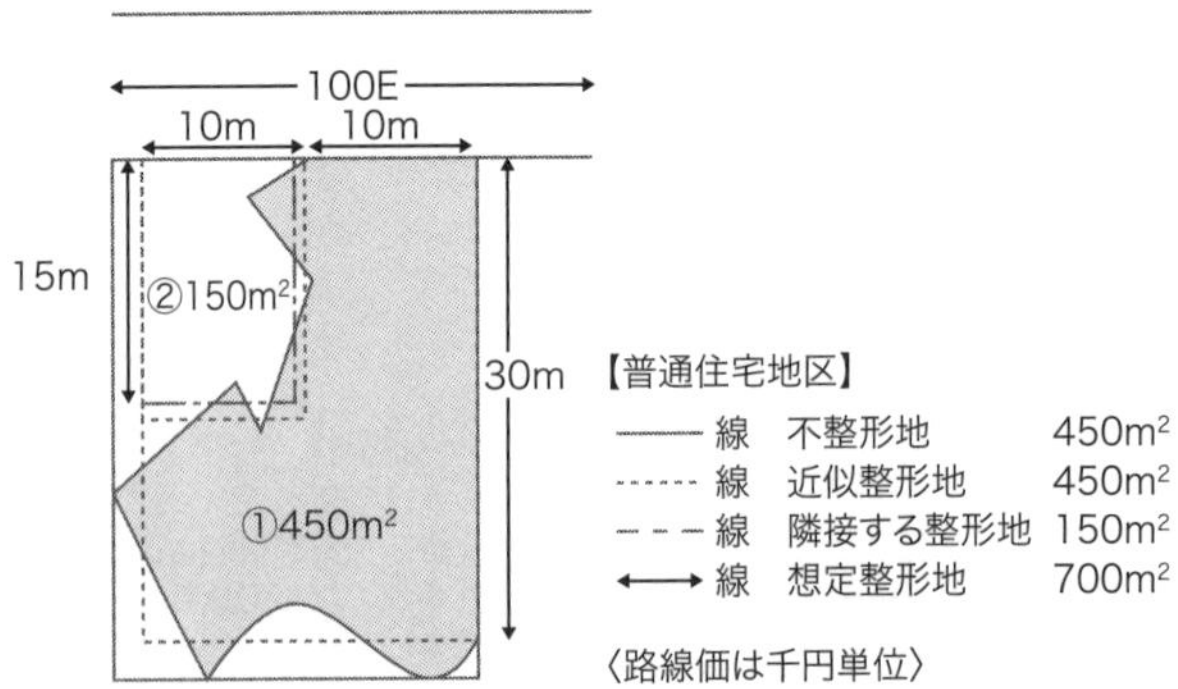

（出典：国税庁「不整形地の評価――差引き計算により評価する場合」）

不整形地補正率を使わない評価方法も

ご紹介した4つの評価方法ではすべて不整形地補正率を使用していますが、必ずしもすべての不整形地にこの補正率が使用されるわけではありません。

L字型の旗竿地などのような不整形地の場合、間口狭小補正率と奥行長大補正率という補正率を使って計算することもあります。

有利な補正率を選択できる

不整形地補正率と奥行長大補正率が適用できる場合、それぞれの補正率と間口狭小補正率をかけて計算したのちに比較して、有利なほうを選択することができます。

④土壌汚染

土壌汚染とは、農薬や油、産業廃棄物などによって土地が汚染されることをいいます。土壌汚染の原因となるのは農薬や油、有機溶剤、重金属、産業廃棄物などです。相続した土地が元工場である場合、土壌汚染の可能性が高くなります。土地が汚染されている場合、そのままでは利用できないので浄化するための費用がかかります。そのため、土壌汚染の浄化・改善費用の80％の評価減が認められています。

80％とされているのは、土地の相続税評価額が公示価格の80％相当額に設定されているので浄化・改善費用についても合わせる必要があるためです。

⑤電力会社の送電線

相続した土地の上空を高圧線の電線が通っている場合、土地の利用が制限されるため評価減の対象となります。建築制限の内容によって、次の割合をかけて計算した金額が控除されます。

1　家屋の建築が全くできない場合……50％または借地権割合のいずれか高い方

2　家屋の構造、用途等に制限を受ける場合……30％

⑥ 騒音

騒音によっても評価減が適用される場合があります。

高低差のある土地と同様に、同じ路線価の同一の道路に接している宅地の中に他の宅地と比較して著しく騒音の影響[*1]を受ける土地がある場合は評価減の対象となります。

宅地全体の相続税評価額から、利用価値の低下が認められる部分の評価額から10％控除されることが規定されています。

＊1　環境省の騒音対策指針である60デシベルを超えている場合など

建物の評価は固定資産税評価なので安い

最後に建物の評価について触れておきましょう。

建物は総工費が1億円だったとしても、相続税評価が3000万円だったなどというものがザラにあります。

なぜそうなるかというと、建物の相続税評価額は固定資産税の評価額になるからです。固定資産税評価額は2割とか3割になることもあり、とても安いのです。

このことがマンションの評価に関して大きな問題になりました。

というのもマンションの相続税評価と市場評価が2・34倍と乖離していたからです。時価が6000万円を超えているのに、相続税評価額が3000万円でいいのかという問題が起こりました。いわゆる「マンション節税」ですね。

そこで2024年の1月1日から区分所有マンションの評価が変わるという通達が

出されました。
ポイントは次の4つです。

・築年数が経過しているほど評価が下がる
・総階数が高いマンションほど評価が上がる
・所在階数が高いほど評価が上がる
・マンション敷地権の面積がマンション建物の面積に比し、大きくなるほど評価が下がる

この4ポイントを図10の変数とします。

この変数を利用して、図11の方法で補正率を求めて計算します。

図10：4つの説明変数

1. 築年数補正率 ＝ 築年数 × −0.033
2. 総階数補正率 ＝ 総階数 ÷ 33 × 0.239
（1を超える場合は1）
3. 所在階補正率 ＝ 所在階 × 0.018
4. 敷地持分極小補正率
＝ 敷地利用権面積 ÷ 専有面積 × -1.195

図11：重回帰分析で評価乖離率を求めた

基本は3.220 ± そこに4つの変数

評価乖離率 × 最低評価水準0.6 ＝ マンション補正率

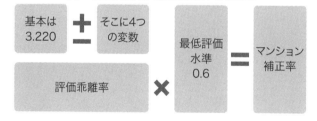

タワーマンションの評価額は2倍になる

相続税対策として人気の高いタワーマンションについて、評価額がどう変化するか実際に計算してみたところ、図12のような結果になりました。

いちばん右の「今の評価の何倍」にあるように、1・4倍〜2・4倍という結果になりました。約2倍と考えるといいでしょう。

一気に2倍と聞くと「ずいぶん上がるんだな」と感じられるかもしれませんが、これも考え方次第だと私は感じます。

そもそも時価1億円のマンションの評価額が3000万円に過ぎなかったのに、それが2倍の6000万円とは何事だ、高過ぎるじゃないか！というのが一つ。

もう一つは「2倍になったとはいえ、まだ6000万円。時価1億円なのだから評価額としては十分安いじゃないか」という考え方です。

相続税対策としてタワーマンションを買おうとしている方にとっては、意見が真っ二つに分かれるところでしょう。

図12：改正によって何倍になるか（レガシィ調べ）

	国税庁調べ2,478件				マンション評価乖離率による計算								
	築年数	総階数	所在階数	敷地利用権面積÷専有面積	築年数	総階数指数＝総階数/33＝最高1	所在階	敷地持分狭小度	小計	全体	評価乖離率合計	最低評価水準	今の評価の何倍
	平均19年	平均は13階	平均8階	平均0.4	−0.033	0.239	0.018	−1.195		3.220		0.600	
物件1	1	33	33	0.01	−0.033	0.239	0.594	−0.012	0.788	3.220	4.008	0.600	2.405
物件2	1	33	33	0.4	−0.033	0.239	0.594	−0.478	0.322	3.220	3.542	0.600	2.125
物件3	1	33	8	0.01	−0.033	0.239	0.144	−0.012	0.338	3.220	3.558	0.600	2.135
物件4	1	13	13	0.01	−0.033	0.094	0.234	−0.012	0.283	3.220	3.503	0.600	2.102
物件5	19	33	33	0.01	−0.627	0.239	0.594	−0.012	0.194	3.220	3.414	0.600	2.048
物件6	19	13	8	0.4	−0.627	0.094	0.144	−0.478	−0.867	3.220	2.353	0.600	1.412

タワーマンション、最高裁での敗北はなぜ？

B氏は都内と神奈川県・川崎市のマンションを相続しました。財産評価基本通達に基づいて評価したところ評価額は3億3000万円でしたが、これをはるかに上回る借り入れがあったため結果として相続税がゼロになりました。

国税の主張は、生前購入した都内と川崎のマンションは不動産鑑定に基づいて12億7300万円で評価したというものでした。通達どおりに評価すると3億3000万円だったけれども、時価は12億7300万円近いということで、地裁、高裁、最高裁まで争うことになりました。

結論としては納税者が負け、国税の勝ちとなりました。

ポイントは相続税法第22条に、「評価は時価で」と書かれているからです。

国税庁としては時価が原則だけれど、すべて時価計算するというのは、それはそれで困難です。そこで土地は路線価、建物は固定資産税評価額で計算していいということになっているわけです。

ただし例外があります。財産評価基本通達総則６項に、「この通達で評価することが著しく不適当とするときは国税庁長官の指示を受けて評価する」と書いてあるのです。そこで税務当局はこの６項を適用して、あなたの評価した評価額は低過ぎて課税上著しく不公平なのでダメですよということになりました。

決定打になったのが銀行の貸出稟議書に「（B氏は）相続対策でこのマンションを購入した」と書かれていたことです。

銀行側が税務当局の調査に応じて、それを提出してしまったために、B氏は裁判で負ける結果となりました。

銀行側が「相続対策」と書類に書くことの意味をわかっていなかったということです。わかっていたら、わざわざ「相続対策」と書いて残すようなことはしません。

B氏は地方在住で不動産業を営んでいます。そこで東京のマンションを購入することに不自然なところはなかった。ところが銀行が相続税調査を考慮せず、書類に「相続対策のため」と書いて残したのが動かぬ証拠となってしまいました。

裏ワザ 同族法人への貸地の地代が高いので修正申告を求められたが反論した事例

相続財産の中に貸地が含まれている場合があります。この事例では同族法人に対する貸地があり、その地代の金額がその他の第三者に貸している貸地の地代よりもかなり高かったため、税務署から修正を求められました。

他人に貸している土地＝貸地は、一般的に土地の所有者側の立場からは「底地」といいます。「底地」とは第三者が建物を所有することを目的とした、賃借権や地上権が設定されている土地のことです。

第三者の建物が立っているため、自分の所有する土地とはいえ自由に使うことができません。そのため底地の評価は相続税評価額（路線価）から借地権価額（土地の評価額×借地権割合）を引いた額となります。

借地権割合とは土地の評価に対する借地権価額の割合のことをいいます。借地権割合は国税庁が公表する路線価図や評価倍率表などに表示されています。

この事例の借地権割合は60％だったので、底地の割合を残りの40％として申告したところ、税務署から「実際の地代が通常の地代よりも著しく高いので70％に修正せよ」と言ってきました。

そこで私たちは、

・地代の多寡によって借地権の価額が変動するという考え方は、税務上の特異な解釈であって一般的でない。
・他の土地と比較して地代が高いと税務署は言うが、その土地の個別条件によって地代に差がつくのは当然であり、一律に足並みをそろえるのが正しいというのは経済的合理性を無視している。

等の主張を行ったところ、当初の申告が認められ、結果として約1600万円の増税になるのを防ぐことができました。

裏ワザ 税務調査に対しては文書で意見を出すのが有効

これは不動産のみならず名義預金についてもいえることなのですが、「役所が教えてくれない、役所との交渉事例」というものが存在します。

税務調査が終わったとき、私たちは調査を担当した税務官に必ず問題となっている点に関して意見書としての文書を渡すようにしています。なぜ文書にするかというと、調査を担当した税務官は必ず上司の許可を取った上で、事後処理をしなくてはならないからです。

私たちが税務調査に立ち会い、税務官と丁々発止とやりあって意見を出した場合、このことを上司に説明しなければならないけれども、自分でまとめるのは労力を要する上に手間もかかるわけです。

だから許可が取りやすいようにこちら側で文書にしておくと、上司はそれを読むことができます。

さらに文書にするのには理由があります。それは相手に面倒くさいなと思わせることです。なるべく詳細に、少なくとも3〜4ページ書くようにします。数字をこれでもか！と入れるのがコツです。

これをすることで、「この税理士を説得するのは難しいだろう」「納税者のために無理難題を吹っかけてくる税理士だ」と思わせることができます。

私たちは納税者の味方をする立場です。そのためには常識にとらわれてはいけません。それくらいしないとお客様を守ることはできません。

この結果、相手が「面倒くさいな。認めちゃおうか」となってくれれば御の字というわけです。

第3章

役所が教えてくれない生前対策と相続の極意

相続の基礎

この章では生前対策と相続が起きた後の対策について、お話ししたいと思います。内容をよくご理解いただくために、はじめにここまであまり触れて来なかった相続の基礎的な部分について、わかりやすく説明していきましょう。

法定相続人

故人（被相続人）の財産を相続できる「相続人」には、血縁関係があれば誰でもなれるというものではありません。

民法でその範囲や優先順位が定められています。これによって定められた相続人を「法定相続人」といいます。

法定相続人になれるのは以下の人です。

①配偶者

配偶者は常に相続人になります。ただし、同居していてもいわゆる内縁関係で婚姻関係にない人（婚姻届が出されていない人）は相続人になることができません。離婚した相手（前妻・前夫）にも相続の権利はありません。

②子供及びその代襲者

子供も常に相続人になります。実子・養子を問わず相続の権利があり、故人が男性の場合でその子を認知していれば、婚外子であっても相続人になります。

養子は相続対策として使われることがあります。たとえば祖父母が孫を養子にすると、通常であれば「祖父母→子→孫」と２度の相続で２回相続税がかかりますが、「祖父母→孫」の１回で済み、相続税の節税になるというメリットがあります。

デメリットは、相続税額が２割加算になることですが、資産家の場合はそれでも節税のメリットのほうが大きいでしょう。

また、相続人であるはずの子供が先に亡くなっていて、その人に子供（故人にとっての孫）がいる場合、その孫が代襲して相続人になります。同様に、子供も孫も亡くなっている場合、曽孫（ひ孫）が代襲して相続人になります。

③親

故人に子も孫・曽孫もいない場合は、故人の親が相続人になることができます。

④兄弟姉妹（きょうだい）

故人に子供、孫・曽孫、親がいない場合、故人の兄弟姉妹が相続人になることができます。

相続人であるはずの兄弟姉妹が先に亡くなって、その人に子供（故人にとっての甥《おい》・姪《めい》）がいる場合、その甥・姪が代襲して相続人になります。ただし甥・姪も亡くなっている場合、その甥・姪の子供は相続人になりません。

図13：相続人になれる人と、その優先順位

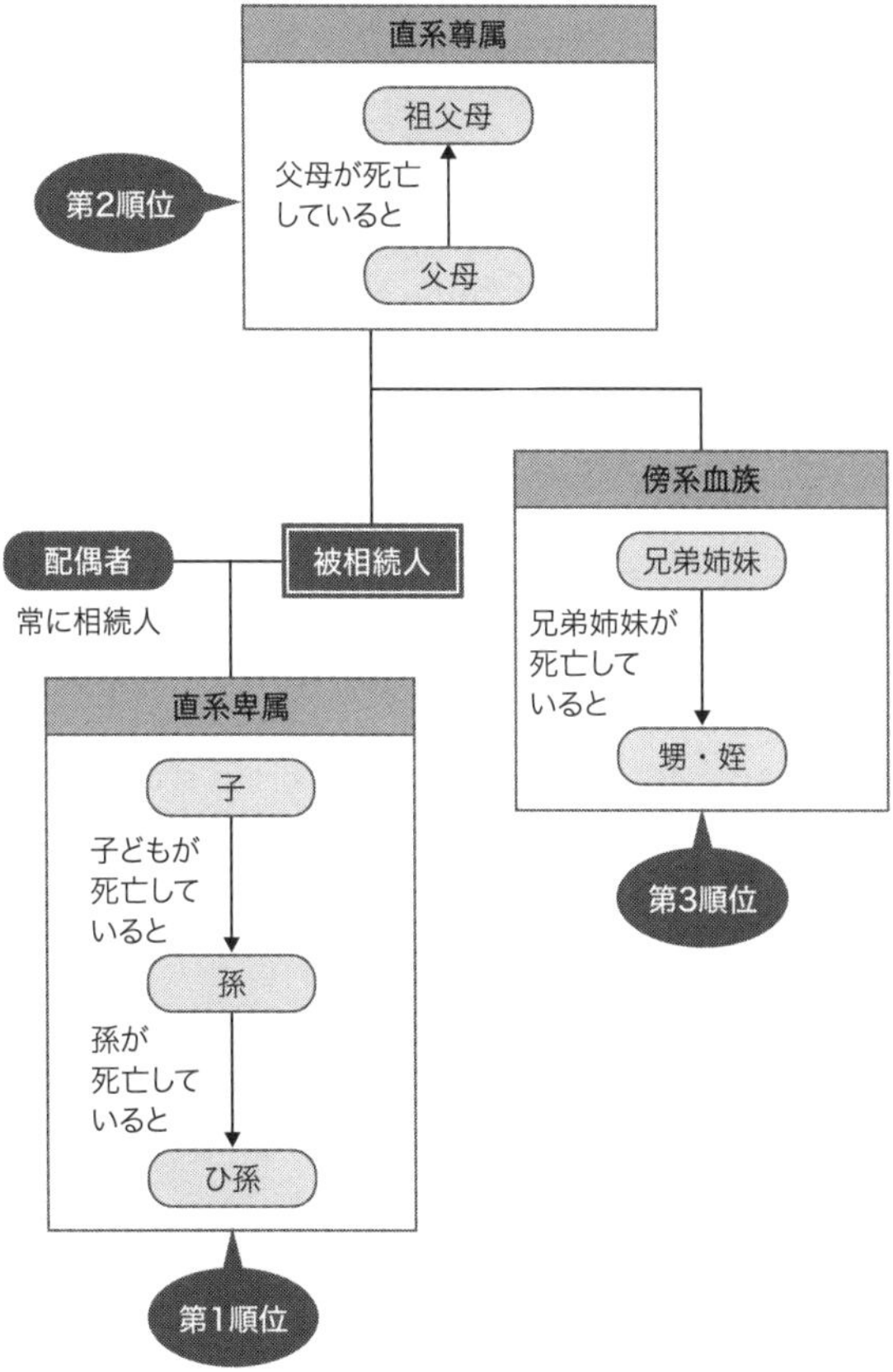

図14：被相続人との関係による法定相続分の例

相続人	法定相続分
配偶者のみ又は子のみ	全部
配偶者と子1人	配偶者1/2、子1/2
配偶者と子2人	配偶者1/2、子1/4、子1/4
配偶者と両親	配偶者2/3、父1/6、母1/6
配偶者と兄弟姉妹	配偶者3/4、兄弟姉妹の人数で1/4を等分
子2人	子1/2、子1/2（子の人数で等分）
両親のみ	父1/2、母1/2
兄弟姉妹のみ	兄弟姉妹の人数で等分

（出典：人事院「遺産相続とエンディングノート」）

法定相続分

法定相続人の取り分は、「法定相続分」として法律上定められた割合があります。

相続の流れ

相続税は相続が開始してから（親等が亡くなってから）10カ月以内に申告することが定められています。

10カ月というと長く感じられるかもしれませんが、その間にやらなければならないことがたくさんあります。計画的に次々とこなしていかないと、申告期限に間に合わなくなる可能性があります。

亡くなった直後は葬儀があり、しなければならない手続きが山のようにあります。その合間を縫って地域によっては7日ごとの法要があり、四十九日のお骨納めなどをしていると、あっという間に最初の2カ月がたってしまいます。

相続税の申告期限まではあと8カ月。ぼやぼやしている時間はありません。

葬儀直後はやらなければいけないことが山積みの時期ですが、少なくとも早いうちにしておかなければならないことがあります。
それは「遺言書の有無を確認すること」です。

遺言書の種類と効力

なぜ遺言書の有無の確認が重要かというと、それによって遺産分割の方向が違ってくるからです。

遺言書がある場合、基本的にそこに書かれている通り、指定された人が指定された分の財産を相続することになります。

ただし、その遺言書に法的な効力がある場合に限られます。ここで遺言書の種類と効力について説明しましょう。

① 自筆証書遺言

本人が自分で全文を書き、日付・氏名を記入、捺印したのが自筆証書遺言です。必ず自筆でなくてはならないため、第三者の代筆やパソコン・ワープロ等で作成したものは認められません。ただし、財産目録の部分は自書でなくてもかまいません。

大切なのはそれが作成された年月日が特定できることです。以前、自筆証書遺言の日付が「吉日」とされており、作成日が特定できなかったために裁判で無効とされたことがあります。

自筆証書遺言のメリットは、費用をかけることなく手軽に作成できることです。遺言書の内容はもちろん、遺言書の存在自体も秘密にできる点もメリットといえるでしょう。

一方でデメリットもあります。しっかりした知識がないと、日付を「吉日」としてしまった先ほどの例のように、記載内容に不備があって無効になる可能性が高いという点です。

秘密にして保管できるというメリットも、裏を返せば見つからないままになる可能性を高めますし、見つけた誰かが自分に有利な内容にしようと偽造してしまう可能性もあります。

なお、死亡直後、自筆証書遺言が見つかると、その場で開けてみたくなるでしょう。この行為もNGです。というのも、自筆証書遺言の開封には家庭裁判所の「検認」が必要で、検認前に開封してしまうと、5万円以下の過料（ペナルティ）が科されます。

作成は手軽にできるけれども、一般の人には作成した遺言書に効力を持たせることが難しく、なおかつ確認に手間がかかることを覚悟したほうがいいでしょう。

② 公正証書遺言

公正証書遺言は公証役場に出向き、公証人の他に2人の証人が立ち会って作成します。遺言書の中では最も安全で法的効力に疑いの余地のない、確実性の高い遺言書です。

作成の手順は次のようになります。

1　遺言の内容を本人が公証人に伝え、公証人がそれを筆記する
2　公証人が筆記した内容を公証人が読み上げる

3　本人と証人が承認し、それぞれ署名・捺印する
4　本人には正本と謄本が渡され、原本は公証役場で保管される

公正証書遺言のメリット

第一のメリットは記載に不備のない、法的効力のある遺言書が作成できることです。

また、なくしたり、利害関係のある誰かに隠されたり、偽造・変造される恐れもありません。

自筆証書遺言と異なり、家庭裁判所の検認が必要ないので、開封後すぐに相続の手続きに取りかかることができます。

原則的に公正証書遺言の手続きは公証役場で行いますが、病気などで外出ができない場合は、公証人の方から病院や自宅に出張して作成してくれるのも、メリットと言えるでしょう。

公正証書遺言のデメリット

遺言書の作成者に精神的ストレスがかかるのが最大のデメリットです。遺産分割のための遺言書を作成するわけですから、自分の財産の全貌を公証人や証人など少なくとも3人の前で明らかにしなければなりません。

私たちのお客様にお聞きしても、「はじめて会う公証人の前で財産の話をしなければならないのは苦痛だった」と言います。

証人を誰にするか決めるのが難しかったという声もあります。財産を明らかにしなければならないので、利害関係者は最初から除外しなければなりません。嫉妬される恐れがないとも限りませんし、口の軽い人は論外です。

そのため必然的に弁護士や税理士に依頼することが多くなります。

また公正証書遺言を作成するには費用がかかり、その額は遺言書に記載する財産の価格によって異なります。

公正証書遺言は法的な効力が認められた安全・確実な遺言書ではありますが、作成までのハードルは低いとはいえません。

③ 秘密証書遺言

秘密証書遺言とは、公証人と証人2人に遺言書の「存在」を証明してもらいつつも、その中身を秘密にすることができる遺言書です。

公正証書遺言では財産の全貌を明らかにしなければならないことがストレスである旨、お伝えしましたが、秘密証書遺言であればそのようなことは起こりません。

自筆証書遺言よりも確実性があり、公正証書遺言のように遺言の内容を知られずに済むので、両者の中間をいく遺言書の形式といえます。

メリットは、本人の死後、遺言書が発見されないケースを防ぐことができ、かつ遺言の内容を秘密にしておくことができることです。

ただし他の方法に比べて作成の手間がかかったりしますので、趣旨だけを説明し、中身は専門家に頼むことが多いようです。

図15：3つの遺言書の比較

種類	自筆証書遺言	公正証書遺言	秘密証書遺言
難易度	最も簡単	難しい	やや難しい
費用	ほとんどかからない	公証役場手数料(16,000円〜)、証人依頼の費用	公証役場手数料(11,000円〜)、証人依頼の費用
証人	不要	2人必要	2人必要
保管	本人、推定相続人、遺言執行者、友人など	原本は公証役場、正本と謄本(写し)は本人、推定相続人、遺言執行者など	本人、推定相続人、遺言執行者、友人など
秘密性	遺言の存在、内容ともに秘密にできる	遺言の存在、内容ともに秘密にできない。証人から内容が漏れる可能性がある	遺言の存在は秘密にできないが、内容は秘密にできる
紛失、変造の可能性	共にある	紛失の場合は再発行できる、変造の可能性はほとんどない	共にある
検認	必要	不要	必要
特に有利な点	費用がほとんどかからない。証人が必要でなく、いつでもどこでも簡単に書ける。新たにつくりなおすことも容易にできる	家庭裁判所での検認が必要ない。公証人が作成するので、無効な遺言書となること、変造されることが少ない。紛失しても謄本を再発行してもらえる	公証役場に提出するので、作成日が特定できる。費用があまりかからない
特に不利な点	紛失、変造、隠匿(隠すこと)などの可能性が高い。遺言の要件を満たしていないと無効な遺言となる可能性がある。家庭裁判所での検認が必要	費用が余分にかかる	遺言の要件を満たしていないと無効な遺言となる可能性がある。家庭裁判所での検認が必要

生前贈与①

暦年贈与の相続財産への加算期間が生前3年から7年へ

暦年贈与とは、贈与税が贈与金額毎年110万円まで課税されない「基礎控除」があることを利用した相続税対策のことをいいます。

長期間にわたって暦年贈与を行うことで、大きな節税効果が期待できます。

この「節税の王道」ともいえる暦年贈与ですが、従来、被相続人の死亡前3年間に贈与された財産は相続税の対象とされてきました。

この相続財産への加算が、2024年1月1日から7年間に延長されることになりました。

とはいえ、2024年1月1日以降の相続から、ただちに7年前からの贈与すべてが加算されるわけではありません。

対象となる贈与の期間が、2024年1月1日から徐々に増え、2031年1月1日以降に贈与者が亡くなったときにはじめて、7年分の贈与がすべて加算の対象となる仕組みです。

生前贈与② 相続時精算課税制度に年間110万円の基礎控除を創設

相続時精算課税制度は、原則として60歳以上の父母または祖父母から18歳以上の子または孫などに対して財産を贈与する場合に選択することができる制度です。

累計で2500万円までの贈与については贈与税は課税されませんが、そのかわり相続発生時に相続財産に贈与を受けた分を加算して相続税を課税される仕組みです。

なお、2500万円を超えた額の贈与については20%の税率で贈与税を仮払いして、相続発生時に相続税額からその分を差し引きます。

この制度を選択すると、贈与を受けた年の翌年2月1日から3月15日の間に、一定の書類を添付した贈与税の申告書を提出しなければなりません。

選択した年の分以降、この制度の適用を受ける届け出をした贈与者から贈与を受ける財産にはこの制度が適用されるため、暦年贈与に変更することはできなくなります。

基礎控除創設で人気が出る？

実はこの制度、贈与時にこそ課税されないものの、相続時に課税対象となり、なおかつ一度選択してしまうと暦年贈与ができないというデメリットがあるため、あまり利用されていませんでした。

そこで、もっと多くの人に利用してもらえるようにしようと、２０２４年1月1日以後に贈与により取得する財産に対する贈与税・相続税に関しては、年間１１０万円の基礎控除が受けられることになりました。つまり１１０万円まではその年の贈与税がかからないことに加えて、その部分の累積金額にまで相続税がかからないのです。

土地の利用区分は安心プランニングをしておくと有利

私たちがお客様におすすめしているものに、生前の安心プランニングというものがあります。たとえば財産の中にアパートと月極駐車場が一体となった土地がある場合などに、次のようなプランを紹介しています。

土地の評価としては、貸家建付地となるアパートのほうが安くなります。そこでできるだけアパートの敷地だという面積をわかりやすく増やそうというプランです。

アパートを取り囲む塀を作り、そこからドアを作って駐車場に行けるようにします。

図16：土地の評価額は境界の位置次第で変わる

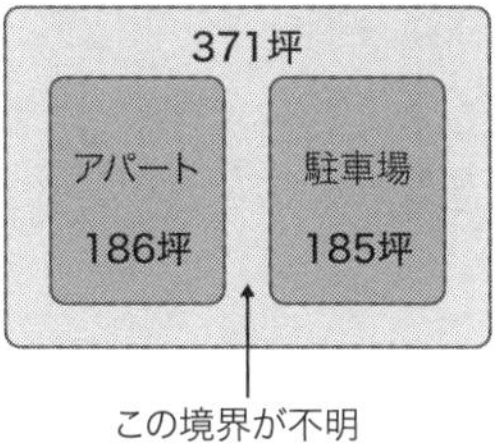

これをしておくだけで、アパートの土地面積をある程度確保できるというわけです。

塀を作るのでそこそこ費用はかかりますが、生前にこれをやっておくことでその費用を相続財産から引くことができるばかりでなく、相続の際には土地の評価額も安くなり、相続税の納税額も減額することができます。

〈例〉

土地の面積を35ｍ×35ｍ＝１２２５㎡、３７１坪、１㎡あたりの単価１２０万円と想定して説明しましょう。

もともとアパートと駐車場の面積が半々の６１２㎡ずつだったのを、アパートの境を駐車場側に２ｍ余裕を持って塀を作ったとします。その面積は２ｍ×35ｍ＝70㎡となります。

これによって1764万円、評価が下がりました。

この税率が50％だとすると相続税が882万円減額されることになります。

アパート（貸家建付地）は、自用地としての価額から、自用地としての価額×借地権割合×借家権割合×賃貸割合で算出した金額を控除して評価しますので、節税効果が期待できるのです。

アパートと駐車場が一体となった土地を所有している方にとって、このプランを検討する価値は大いにあるといえるでしょう。

親の願いを達成した、相続税申告期限までの寄付

被相続人C氏は生前、「子供たちのために森を残したい」との強い願いを持ってい

ました。

特に都会では自然がどんどんなくなってきているので、「世の中の子供たちのために自分が所有する森をぜひ守ってほしい」というのが口癖でした。

C氏の自宅も森も駅前のいい場所にあるため、遺族は相続税評価額が高く、森を売らないと相続税が払えないという現実に直面します。

そこで私たちはある「裏技」を提案しました。森をこのままの状態で、森として使うことを約束してくれる財団に寄付するというものでした。

個人所有の財産ではなくなってしまいますが、生前のC氏のたっての願いということで、「森が残るのであれば本望です」と娘さん2人も同意してくれました。

最初は寄付するという考えは、娘さんたちはもちろん、私たちにもありませんでした。どういうふうに森を残したらいいかをさまざまな角度から検討しましたが、どうしても森を残すことはできそうにありません。やがて担当税理士がふと思いついて「もしよろしければ、申告期限までに寄付する相手を探したら、どうでしょうか」と尋ねたところ、「ぜひやってください」という返事でした。

寄付として税務署に認めてもらうには、相手側が正式に認められた財団でなければなりません。さらに認定NPOなど、寄付をした場合に評価額相当額を控除できますよという認められたところが対象の場合に限られます。

子供たちのための森ということで、環境保護や保育関係などの財団10団体くらいにあたりました。どこも「いただきたいです」とは言ってくれるのですが、約束まではなかなかしてもらえませんでした。

最後にあたった団体が約束してくれて、故人の願いが実現できたのです。今でもその森の近くまで行く用事があると、つい足を延ばしては「願いを叶えて差し上げられてよかった」と感慨にふけってしまいます。

税制改正を早めに知ると良いことがある

第2章でも少し触れたように、以前は「広大地の評価」という通達が存在しました。広大地とは、その名の通り面積の広い土地のことです。広大地は戸建開発をするとしたらすべての戸建住宅の接道義務を満たすための道路となる部分が生じ、その分売買価格が下がることから、相続税評価額を軽減することが認められていました。

その率は最大で65％。広大地を持つ人にとってはありがたい特例でした。

ところがその特例が2017年をもって廃止に。2018年1月1日以後に相続、遺贈または贈与によって取得する宅地で一定の要件を満たすものを評価する際に適用されるのは「地積規模の大きな宅地の評価」という特例になりました。

これによって評価額の減額率は20％～おおよそ35％へと縮小。適用される土地の要件も変わったため、かつての「広大地の評価」のような恩恵を受けられないケースも

図17:「広大地の評価」と「地積規模の大きな宅地の評価」の比較

要件	広大地評価	地積規模の大きな宅地
地積	三大都市圏500m^2 その他1000m^2以上	三大都市圏500m^2 その他1000m^2以上
地区区分	中小工場地区も認められる場合あり	普通住宅地区 普通商業・併用住宅地区のみ
容積率	原則300%以上の土地には適用なし	400%以上の土地には適用なし (東京23区は300%以上)

出てきました。

このように税制は変わることがあるので「うちはあの特例が使えるから大丈夫」と安心しきっていると痛い目に遭わないとも限りません。

ただし、税制が変わるときはその法律・通達の施行日が決められます。今日、成立したものを来月初めから実施する、などということはなく、少なくとも何カ月間かインターバルがあります。

まめに税制改正の内容について知っておくと、「来年からこの特例がなくなるのなら、今年のうちに使ってしまおう」といった対策も立てられます。

こういうことは税務署がわざわざ教えてくれることはありません。改正についての情報は「自ら取りに行く」のが原則です。こまめにチェックするようにしましょう。

自分でいちいちチェックするのが難しいという場合は、相続に強い税理士に定期的に相談したり、改正があるときに連絡がもらえるような関係性を築いたりしておくといいでしょう。

一次相続は「残された親」の気持ちをいちばん大切にしたい

一次相続とは両親のうち一人が亡くなってもう片方の親と子供が相続人となる、最初の相続のことです。二次相続はその次に行われる相続のことで、残されたもう一方の親が亡くなり子供たちに遺産が引き継がれることをいいます。

一次相続のときの法定相続分は配偶者が5割、子供が残り5割ですが、将来のこと

図18：一次相続と二次相続の範囲

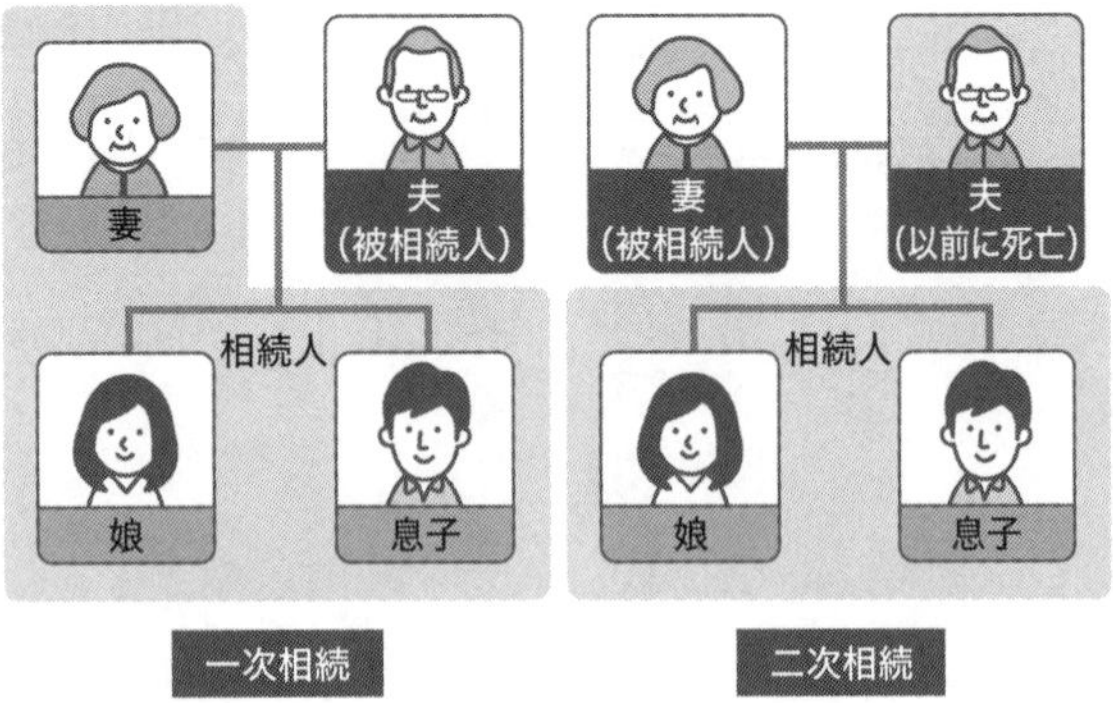

を考えると配偶者の相続分を3割くらいにして、残り7割を子供たちに相続させるようにすれば一次相続・二次相続の相続税をトータルで試算すると節税になることが多いです。そのため税理士の中にはこの方法をすすめる人が少なくありません。

でも実はこれ、配偶者の気分を害することが多いのです。

なぜかというと、自分を差し置いて子供が多く取るというのが内心面白くないからです。とはいえ、口では「私も長くないから子供が多く取っていいですよ」と言いはするのです。

でもそこで子供がその気になって、「そう？じゃあそうさせてもらおうかな」なんて言うと確実に気分を悪くします。

中には、本当に気分を害して、母親が父親の財産のすべてを寄付してしまったこともあります。また母親が新興宗教の信者で、「うちの子供は私のことを考えないで自分の税金のことばかり考えて、悔しい」と言って献金してしまった例もありました。「私を蔑《ないがし》ろにするような子供たちは、懲《こ》らしめてやる」という心理が働くのでしょう。

でも私たちのような実務家からすると、解決策は意外と単純です。まず子供は母親に、「お母さん全部相続したら」と言えばいいのです。腹の中はともかくとして、とりあえずそう言っておく。

子供にそう言われると、ほとんどの場合母親は「あなたはこのくらい取っておいたほうがいいわよ」と言います。

もしかしたらそう言ってくれないかもしれませんが、それならそれでいいと割り切ったほうがいいのではないかと思います。

考えてみてください。父親の財産は父親の死後母親のものになり、母親亡きあとは自分のところに来るのですから。

そうやっておけばいいのに、なぜかここで「税金を安くするために、お母さんの取り分を少なくしましょう」と言う税理士がいる。あれは税理士のあるあるだなと感じます。感情より勘定がすべてを決めているような勘違いをしているように思います。

相続は残された親を思いやる気持ちのほうが先。残された親が遺産の分け方でどう感じるかをおもんぱかるのをいちばん先にすべきだと私は思います。

遺産分割がモメると税法上損なことばかり

遺産分割でモメてしまうと損するだけです。逆に言えば、相続の戦略としては「遺産分割でモメないこと」が何よりも重要なのです。

配偶者と子供の間でモメてしまうと、配偶者の税額軽減や小規模宅地等の特例（評価減）などが受けられなくなる可能性がありますし、納税の財源が決まりません。
ここで少し説明しておきましょう。

①配偶者の税額軽減

配偶者の税額の軽減とは、被相続人の配偶者が遺産分割等により実際に取得した遺産額が、次の1、2の金額のどちらか多い金額までは、配偶者にとって相続税が課税されない制度です。

1　1億6000万円
2　配偶者の法定相続分相当額

配偶者の法定相続分相当額は他の相続人が誰かによって異なります。（132ページの図14）

図19：小規模宅地の特例（評価減）

宅地区分	内容	適用面積	減額割合
居住用	自宅の敷地	330m²	▲80%
個人事業用	個人商店、医院、工場などの敷地	400m²	▲80%
同族会社事業用	同族関係者が株式の過半数をもつ同族会社の事業用敷地	400m²	▲80%
不動産貸付用	アパート、駐車場など賃貸中の不動産	200m²	▲50%

②小規模宅地等の特例（評価減）

亡くなった人が自宅として使ったり、事業用として使ったりしていた土地・建物を相続した親族のうち一定の要件を満たしている場合、一定割合について評価額を下げることができます。

この特例を使うことができるのは、

1　配偶者
2　同居親族
3　別居親族

ですが、細かい要件が定められているのでここでは割愛します。

評価減割合は図19の通りです。

①と②の2つはいずれも大きな評価減が受けられるので、相続の戦略の要となる重要な特例です。相続税申告時にこの特例を利用できるかできないかで、相続税額が大きく異なります。

また、たとえば土地を売るなどして財源を確保しなければ相続税が納税できないという場合もあるでしょう。

そんなときに内輪モメしていたら、土地を売るに売れず、相続税を捻出することが難しくなってしまいます。

誰にとっても得なことは一つもありません。

とはいえ、いったんモメだしたあとで私たちが「相続人同士は敵対関係ではありません。みなさんが闘うべき本来の相手は税務署です」などと論理的説得を図っても、全く有効でないのは経験ずみです。

そこで私たちが用いているのが、被相続人の方やご先祖様の魂が安置されている仏壇に手を合わせることです。

「どうぞみなさまのご子孫がモメることなく無事に相続を終えられるよう、お力添え

ください ませ」と心の中でお願いします。

相続人の方々に聞こえるように声に出したりはしません。

しかし最初に仏壇にお願いしておくと、不思議とモメることが少ないのです。やはりご先祖様は子孫がかわいいのでしょうね。時空を超えた不思議な力を実感します。

一次相続と二次相続の間は16・6年。女性はその間の生活設計を

ご夫婦のうち、どちらが先に亡くなるかというと、男性が先に亡くなることのほうが多いです（私たちの分析によると62％）。夫の死後の妻の生存期間は平均16・6年です。なお、妻が先に亡くなった後の夫の生存期間は11・4年ですが、次第に延びてきているそうです。

昔の男性は１人で生きていけなかったのでもっと短かったのですが、次第に自立して生活できるようになってきたのでしょう。

さて話をもとに戻すとして、重要なのは夫亡きあとの妻（お母様）の16・6年の生活設計をどうするかということです。お母様に残された16・6年間の生活設計を考えて遺産分割をする必要があるわけです。

たとえばお母様にこれからどこに住みたいかと尋ねたら、ほぼ１００％お母様は自宅がいいと答えるでしょう。お父様と一緒に住んでいた思い出があるわけですから。

また、お金か自宅以外の不動産のどちらがいいかと問われたら、お金のほうがいいと答えるでしょう。不動産は面倒くさいですから。

そんなふうに、お母様中心の遺産分割をすることをおすすめします。

お母様自身は「私はもう長くないから」とおっしゃるかもしれませんが、そんなことはありません。何しろ客観的データが「平均余命16・6年」を示しているのです。

その間の生活設計をしておくことが重要です。

相続後気になる固定資産税、所得税、住民税

不動産を相続したあとかかってくるものに、固定資産税、所得税、住民税などがあります。

これらは所有している限りずっとかかるものなので、アパートやマンションなどを相続した場合は、資金繰りを考えなければなりません。

給与所得であれば、入ってくるのが手取りなのでわかりやすいのですが、アパート・マンションの賃貸収入となるとそうはいきません。

次ページの表（図20）を見てください。

入ってきた収入から外注分の管理費、電気・水道代などの共益費を払い、借入金返済をして所得税、住民税を払った残りが右側の「資金繰り」です。

ところが所得税を計算する上での「所得」は、借入返済や所得税、住民税を引く前

図20：相続後の所得と資金繰り

		所得	資金繰り
＋	アパートマンション 家賃収入　共益費収入	○	○
−	管理費（外注の場合）	○	○
	共益費（電気、水道、ガス、インターネット）	○	○
	減価償却費	○	—
	支払利息	○	○
	所得税対象所得		
	借入金返済	—	○ ここがポイント
	所得税・住民税	—	○ ここがポイント
	目先の資金繰り		

の金額です。

実はここが盲点で、不動産を相続したばかりのころは、税金と借入金の返済を実感として感じられないことがほとんどです。これらを控除する前の金額を見て「家賃収入っておいしいな」と思ってしまうのですね。

だから私たちは遺産分割協議のときに、「不動産を相続するとこうなりますよ」としっかり説明するようにしています。

そうしないと不動産でアパート・マンションの収入を得たけれども、資金繰りえらいことじゃん、となりかねないからです。

また、この点を説明することによって「そんなふうになるならいらない」とか「それなら覚悟してもらわないといけないね」など、不動産を相続するか否かの判断の手がかりにしていただくこともできます。

不動産の相続は「家賃収入が入ってきてラッキー」ととらえるよりも、「自分に不動産事業が向いているかどうか」を考えていただきたいものです。

幸せな相続とは?

多くの相続のお手伝いをするうちに、親の幸せをうまく相続できる人は幸せで、親の幸せを相続できない人は幸せとはいえないのではないかと考えるようになりました。

親に財産がなく、相続で何ももらえない人から見れば、もらえただけ幸せじゃないかと思うかもしれませんが、私の見た限りでは、ものだけもらっても幸せではない方もたくさんいました。

要は本人がどうとらえるかというのが幸不幸を分けるのではないかと思います。

慶應義塾大学大学院教授の前野隆司先生が、「幸せの四因子」を提唱しているのですが、その４つとは「やってみよう」「ありがとう」「ありのままに」「なんとかなる」だというのです。

このことを知ってから、相続で４つの因子を感じられるかどうかで、その人の幸せが決まるのではないかと考えるようになりました。

幸福度を年齢別に見てみると、年齢が高くなればなるほど幸せ度が高いのだそうです。逆にいちばん低いのが40代、50代です。

ということは、幸せ度の高い人から幸せ度の低い人に相続するわけです。90代が60代に、80代が50代に、という具合にですね。

そこで私なりに、どういうふうにしたら幸せな相続につながるのかを考えてみました。

①「やってみよう」因子

まず「やってみよう」因子の有無です。何かにチャレンジして主体的に生きてみようという因子を持つことが幸せにつながります。だったら年齢が上で自分よりも幸せな親に人生のコツを聞いてみてはどうでしょう。

どういうときが幸せだったか、なぜそれを幸せと感じたかを尋ねることで、自分の幸せの味わい方のヒントになるのではないでしょうか。

私は相続というのは「相（すがた）を続けることです」とつねづね話しています。人相、面相の相です。親と同じ幸福な生き方をしていくために、まずは親御さんに聞いてみようというわけです。

す。

②「ありがとう」因子

端的に言うと、すべてのご先祖様への感謝の気持ちを持ちましょうということです。

私たちには10世代さかのぼると１０２４人ものご先祖様がいるんです。30世代さかのぼると10億人にも上ります。

そのうちどなたか１人が欠けても自分はこの世には存在しなかったのですね。

そう考えると、ご先祖様が存在してくださったこと自体に「ありがとうございます」という気持ちが湧いてきませんか？

お墓参りに行ったときに、ぜひすべてのご先祖様に「ありがとうございます」と一言お礼を言いましょう。

世の中には無駄な人はいません。「私なんか」と卑下する人がいますが、10億の人の血が自分の中に流れていると思うと、すごく価値があると思えてきませんか？

③「なんとかなる」因子

3つ目の因子は「なんとかなる」因子です。

基本的に前向きで楽観的な人は、少々へこむようなことがあっても立ち直りが早く、いつまでもしょげてはいません。

親御さんに人生で楽しかったことを聞いてみましょう。幸せのヒントになるかもしれません。

④「ありのままに」因子

4つ目は「ありのままに」因子です。人と比べない。ありのままの自分を認める。これが幸せの重要な要素なのです。大体私たちは、小さい頃からきょうだいや同級生たち、職場の同僚などと比べられてきていますよね。

そうこうするうち、自分自身、他人と自分を比べるようになっていきます。そのたびに幸せから遠ざかってしまうのですね。

そこで「私の自分らしいところってどんなところだと思う？」と親御さんに聞いて

みましょう。この子はこういうタイプだなとか、この子はこういういいところを持っているなとか、親御さんならではの視点があるはずです。ぜひ尋ねてみてください。

裏ワザ　上場株式を大量に相続。TOBで切り抜けた例

上場企業のオーナー社長で、株式時価総額数百億円を持っていた方が亡くなったときのことです。

相続した株式を売却すると株価の下落を招くため、売るに売れません。資産はあるけれども現金化できないので、相続税を払えずに困っていました。

ところがある日、この会社に対して友好的ＴＯＢをしたいという会社が現れたのです。

ＴＯＢとは「Ｔａｋｅ　Ｏｖｅｒ　Ｂｉｄ」の略称で、入札による企業の取得、つまり株式公開買い付けで企業を買収するという意味です。

市場で株式を買い集めるよりも一定の資金で多くの株式を集めやすいため、買収したい企業にとっては使いやすい方法ですが、法令で定められた規則に従って行わなければなりません。

友好的ＴＯＢとは、買収側の提案に被買収側が同意して行われるＴＯＢのことです。

買収される側にとってはＴＯＢだと一度にすべての株式を高値で売ることができます。まさに渡りに船とはこのことです。

相続人の方がおっしゃるには「これもご先祖様のおかげではないか」と。亡くなったお父様がすごい手腕の持ち主で、上場企業にまで成長させたのだそうです。

とはいえ、きょうだい3人とも会社経営には興味がなく、宝の持ち腐れになりそうだったところをタイミングよく買ってくれるところがあってよかった、これで亡くなった父も浮かばれるでしょう、というお話でした。

裏ワザ　なぜ落語の世界で若旦那は何もせずに遊んでいるのか？

私の好きな落語の世界では、大体若旦那《だんな》は商売せずに遊んでいます。「暇だな」などと言っているのですが、実はそこには深い理由があったのです。

商売の能力のない人間に商売をさせて失敗するとえらい損が出る。だけど遊ばせておけば大した損は出ないということです。だから能力がない者は遊ばせておくに限る、と。

ビジネスだと人を雇ったり、設備投資をしたりしなければならないし、そのためには借金が必要だ、でもそれがうまくいかないと借金が大きくなる。その大きな金額以上に遊べるかというと遊べない。

だまされることはあっても、純粋な遊びで何億円とか何十億円とかを使うことはできないと。現代に置き換えてみると、失礼な言い方になりますが、あまり向いていない跡継ぎには会社を任せず、資産管理会社を親族で経営して株主にさせておき、実際の会社はプロの経営者を雇って行わせるというイメージです。

株主としての地位は相続させるけれど、経営者の地位は向いている人に相続させるということです。名経営者の子供が必ずしも親に似て経営に向いているとは限りませんから。

余談になりますが、相続を多く扱っていると、男親の雰囲気は娘さんに引き継がれて、女親の雰囲気は息子さんに引き継がれることが多い印象を受けます。

だから実際のところ、男親のやり手の経営者の息子が必ずしもやり手の経営者にはならないという感じはします。

今まで日本の社会では、女性が会社の代表としてバリバリ出てくることはあまり多くなかったですが、これから変わっていく予感がします。

そのうち多くの女性経営者が活躍する時代が来ることでしょう。

第4章

役所が教えてくれない モメないための極意

相続の3つの極意「モメない」「節税」「財源」

基本的に相続は、「相続でモメない」「上手な節税」「しっかりした財源がある」の3つがそろえば、相続人の誰もが満足できるものになります。

相続でモメない

相続人である子供に関して親がいちばん気をつけなければいけないことは、財産が少なくなりそうな人に配慮することです。

たとえば親が医院を経営していて、子供2人のうち、1人が医師でもう1人は医師でなかったとしましょう。すると親の医院の土地・建物はもちろん、地位も評判も医師である子供が引き継ぐことになるでしょう。

そのような場合、私たちは医師でないほうのお子さんに配慮することをおすすめしています。

遺言を書く場合には、私たちがインタビューで医師でないお子さんの長所を盛り込みます。心優しいとか友達が多いなどの長所を、親である自分は誇りに思うといったようなことです。

財産的配慮ももちろん大切ですが、心情的配慮もなされていると、子供の受け止め方が全然違ってきてモメにくくなります。

モメた例ではありませんが、相続を通じて親心が伝わったエピソードをお話ししましょう。

あるご家庭ではお父様が娘さんを受取人として生命保険に加入していました。亡くなる何年も前に病気で入院したとき、最初に心配して駆けつけてくれたのがその娘さんだったというのです。

保険のセールスパーソンに、「心優しい娘に多く遺してやりたいから、もう1本生命保険に入りたい」と連絡があったそうで、父親が自分のためにわざわざ保険に追加加入してくれたことを知った娘さんは、涙ぐんでいたということです。

子供たちが親心を実感できる言葉を残しておくことが、「いい相続」のキモなのではないかと思います。

上手な節税

「上手な節税」というのは、相続税の額は合法的なら少しでも安いほうがいいということです。

すでにこの本でもいくつか説明していますが、ここで復習の意味もかねてまとめておきましょう。

まずは生前にできる対策について説明します。

① 年間110万円の贈与非課税枠を利用して財産を減らしていく

贈与税の暦年課税制度に設けられた110万円の非課税枠の範囲内であれば、税金をかけずに財産を移動させることができます。これを「暦年贈与」といいます。

また、年間110万円の贈与を受ける人（受贈者といいます）には人数の制限がありりません。たとえば子供たちに加えて、その子供たち（つまり孫たち）にも贈与することができます。

受贈者が4人いれば1年間に、110万円×4人＝440万円まで税金がかからずに贈与することで、相続財産を減らすことができるのです。

〈**注意点**〉

これまで相続開始前3年間の贈与については、相続税評価額に取り込まれていましたが、2024年1月1日以降の贈与については7年間に延長されました。よりいっそう、前々からの準備が必要になることに留意してください。

② 生命保険を活用した節税対策

生命保険には「500万円×法定相続人の数」を限度とした非課税制度があります。

法定相続人の数が3人の場合「500万円×3人＝1500万円」までが非課税

になります。

なお、非課税制度が使える受取保険金は死亡を原因としたものに限られます。また保険の受取人が相続人でない場合は、この非課税枠は使えません。

相続税を現金で払えるようにしておく

しっかりした財源を持つことも、相続トラブルを回避するには重要なことです。相続税は現金一括払いが原則です。そうはいっても現実的には、土地や株などを売らないと財源が確保できないということも多いです。

その場合、相続発生後に土地を売りに出しても相続税の申告期限に間に合わない可能性が出てきます。

もしも現金がなくて納税ができなかった場合は、延納できそうなら延納を、どうしても無理なら物納を選ぶしかありません。しかし物納は最近、認められにくくなってきています。

相続税の課税対象になる可能性がありそうな場合は、相続税の財源をどこに求めるかを考えておいたほうがいいでしょう。

モメる原因は「比較」にあることが多い

この場合の比較には2種類あります。

一つ目は親が子供同士を絶えず比較して育てた場合。二つ目は子供が他のきょうだいに比べて自分はどれくらい親に愛されたかを気にし続けてきた場合です。

親の側にしてみると悪気があるわけではないのですが、つい「お兄ちゃんを見習ってしっかりしなさい」とか「A子は愛想がいいけれどもB子は愛想がない」と言ってしまうことがあります。

さらには学校でも「あのCさんの妹さんでしたか」とか「お兄さんは走るのが速くていつもリレーの選手でしたね」など、人気者だったり運動会のスターだったりした姉や兄のことを言われると、「それに比べてあなたは……」と言われているような気になります。

そうは言ってもはるか昔の子供時代のことです。特にきょうだいと離れて暮らしているような場合は、日ごろは「比べられた子供時代」を思い出すこともあまりないでしょう。ところが、そのことをまざまざと思い出す日がやってきます。それが相続における遺産分割のときなのです。

相続は退職金と並んで人生で大金を手にする機会です。そのタイミングで親や周囲によってきょうだいと比較された過去を思い出します。

そして自分が相手よりも損をしてきたような気がして、親の愛を取り戻すかのごとく「相手より多く財産をもらいたい」という気持ちが湧き上がってくるのでしょう。

比較は「過去の自分」とすべきもの

『嫌われる勇気』（ダイヤモンド社、岸見一郎・古賀史健著）という大ヒットした本で取り上げられ、日本でも一躍有名になったオーストリアの精神科医であるアルフレッド・

アドラーは「他人との比較は全く有用でない」と述べています。比較するのなら理想の自分と今の自分を、過去の自分と今の自分を比較しなさい、と。

長年相続に携わってきた私は、つくづくアドラーの言う通りだと思います。

たとえばスポーツ選手のような立場であれば、よくライバルと自分を比較して、相手に追いつこうと努力することも必要でしょう。

しかし、そもそもきょうだいはライバルではありません。同じ腹から生まれた、まさに文字通りの「同胞《はらから》」です。

ではどうすればきょうだいをライバル視したり、比較の対象にしたりしないで済むのでしょうか。これから少しお話ししていきましょう。

地位財には課税するが非地位財には課税できない

まず財産を相続する子供の立場として、強く心に留めておいていただきたいのが「目に見える財産だけが財産ではない」ということです。

経済学の用語に「地位財・非地位財」というものがあります。経済学者のロバート・フランクが作った言葉で、地位とはポジションを、財はグッズを表します。

ポジションとは自分が他人と比べたときに、どのようなポジションにいるかを測るものです。社会的地位の他、所得や物的財産なども含まれます。言ってみれば、個人の進化や生存競争を勝ち抜くために必要な要素です。

一方、グッズは「財」を意味します。この「財」とは必ずしも預金や株式などの有価証券、土地などのように、お金に換算されるものに限定されてはいません。

183ページの図21を見るとわかるように、個人が安心・安全な生活を送るために重要な要素となる健康や自由、愛情、社会への帰属意識なども含まれます。

地位財と非地位財との違いは、前者が周囲と比較できるものであるのに対し、後者は他人が持っている・いないとは関係なく、純粋にそれ自体を持っていることで喜びを得られるもの、と言い換えることもできます。

最も重要なポイントは、地位財がもたらす幸福は長続きしないのに対して、非地位財による幸福は長続きするという点でしょう。

「幸福のランニングマシン（hedonic treadmill）」という言葉があるのをご存じでしょうか？

快楽を追い求めていくら走り続けてもゴールにたどり着かないことを表すもので、日本語では「快楽順応」などとも呼ばれています。

地位財の例でいうと、収入が増えるとそのときは強い喜びを感じますが、すぐにその状態に慣れてしまい、もっと多く欲しくなり、より多くを求めてランニングマシンの上を走り続けてしまいます。

でも走っているのはランニングマシンの上なので、どこまで行ってもゴールにたどり着くことはありません。

地位財が他人と自分を比較し、自らを奮い立たせるのに有用であるのに比べると、非地位財は地味です。すぐに成果が得られるような性質のものではなく、長年かけて自分のパーソナルな「心地よさ」を追求した結果が「そうなった」という性質のものです。

そしてここが最も重要なのですが、税金という観点からすると、地位財は課税の対象となるけれども、非地位財には課税されることがありません。

課税はされない上に、長く幸福をもたらし続けてくれるのが非地位財です。

私たちはとかく、目先の成果に飛びつきがちですし、「数字」というわかりやすいものを好みます。一瞬の強い快楽をもたらしてくれるからです。

長年、相続のお手伝いをしてきた私は、相続人同士の遺産争いも地位財にしか着目していないからこそ起こることのように思われます。

きょうだいそれぞれが自分の中の非地位財を見つめ直すことで、両親が遺したお金に換算できない財産に気づくことができれば、モメごとは少なくなっていくのではな

図21：地位財と非地位財

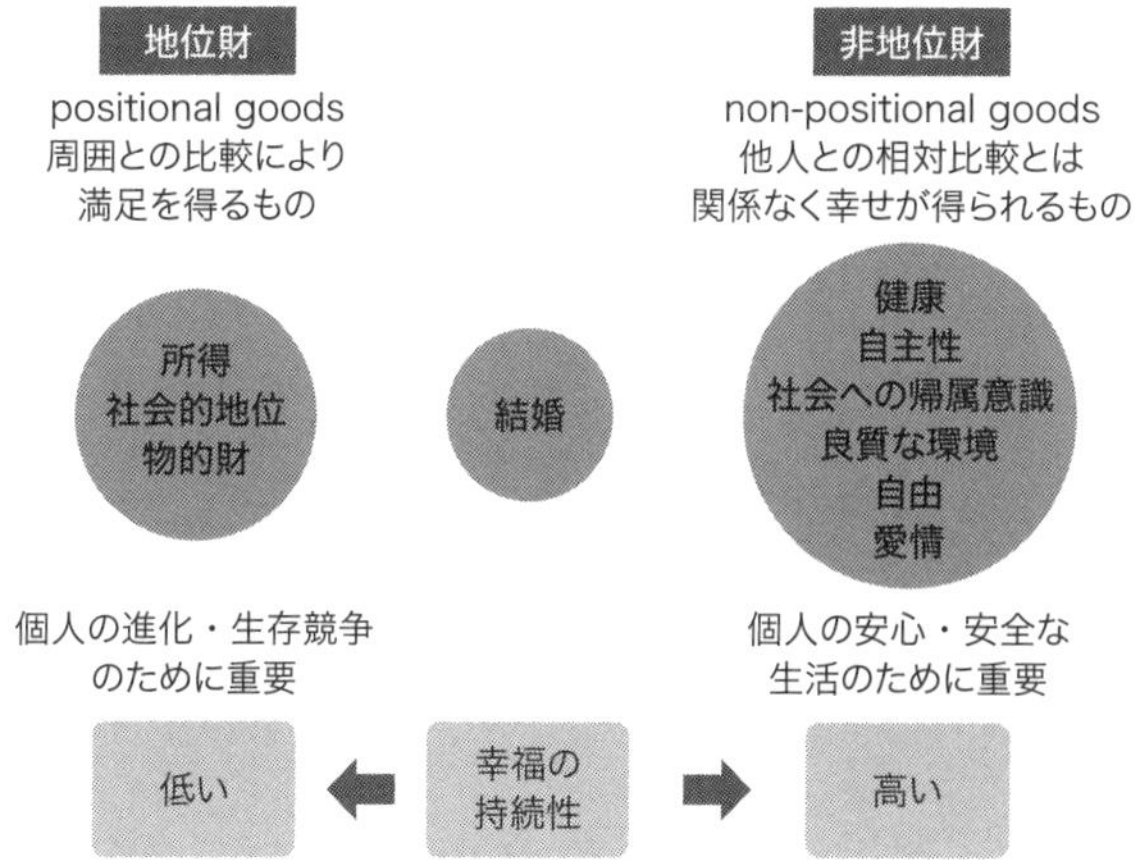

（出典：ダニエル・ネトル著『目からウロコの幸福学』の記述をもとに作成）

いでしょうか。

実際に、お金をたくさん相続したから幸せかというと、そうとも言い切れないのです。苦労して得たお金ではないので、あぶく銭のような感覚で使い果たしてしまう人もいます。一度大金を得た経験をすると、その感覚が忘れられず、なんとか挽回しようと残ったお金をギャンブルやハイリスク投資につぎ込んでしまい、ついには一文なしということもあり得ます。

その一方で、両親から受けた愛情や、両親のもとで作られた壮健な体（＝健康）とか、どんな生き方・働き方をしても大丈夫なんだよという自由さなどは、持続して子供に幸福感をもたらし、支え続けてくれるでしょう。

非地位財には生き方、思い出、教訓、教育も含まれます。

私が両親の財産に関してよく言うのは「思い出残して銀メダル。生き方残して金メダル」ということです。財産は銅メダル相当でしょう。

財産だけを引き継ぐと考えてしまうとモメてしまう。そうではなく、父親からはこんなものを、母親からはこんなものを引き継いだと考えると、財産だけに価値があるわけではないことに気づけることでしょう。

両親から相続したもの

両親に「何もしてもらっていない」と思っている人は「せめて相続のときくらい、

他のきょうだいよりもたくさんもらいたい」という思考パターンに陥りやすいように思います。

きっと親にしてみると同じように愛情を注いだつもりなのでしょうが、きょうだいというのはある意味、親の愛情を奪い合うライバルのような存在です。まして人間というのは自分が得てきたものよりも、自分以外の人間が得てきたものをうらやましく思いやすいものです。自分は他のきょうだいほど愛情をかけてもらっていない、という気持ちになりやすいのでしょう。

でも自分と他のきょうだいを比べることは、やめておいたほうが得策ではないかと思います。

「両親対自分を含むきょうだい」から、「両親対自分」の関係に視点を移してみると、「ちゃんと愛情を受けてきた」「親から形にならない贈り物をもらってきた」という事実が見えてくるのではないでしょうか。

ぜひ一度、自分が両親から相続したもの＝受け継いだ資質や考え方について、考えを巡らしてみてください。

お客様の中に、実家が豆腐店を営んでいる方がいました。その方は「自分は父の背中から仕事に対する厳しさを学んだ」とおっしゃっていました。

新聞販売店やベーカリーなどもそうでしょうけれども、豆腐店もとにかく朝が早い。夜8時には寝て深夜2時とか3時に起きて仕事をしていたそうです。

豆腐店では水をたくさん使います。冬の深夜ともなると水は氷のように冷たくなります。どんなに寒くても一言も弱音を吐かず、淡々と仕事をする父親の姿に、「仕事というのは厳しいものなんだ」と教えられたというのです。

私自身は父からは税理士という仕事を相続し、母からは遺言の大切さを相続しました。

実は私は父の事務所を継ぐ気持ちは強くありませんでした。しかし母の最期の言葉が心に刺さり、方向転換をするきっかけになりました。

直腸がんが食道に転移して、これから手術するというときに病院に駆けつけたところ、母は私の手を握って、「お父さんを頼んだわよ」と言うのです。

父と私はあまり性格的な相性がよくなく、そのことを母も知っていました。当時、私は公認会計士の資格を取得したあと、監査法人に就職して6年目くらいだったと思います。父はといえば、個人で税理士事務所をやっていました。従業員の数は３人とか４人くらいだったでしょうか。税理士資格を持っているのは父一人で、他の方たちはアシスタント的な立場でした。

事実上、仕事を回しているのは父一人です。けっこうな年齢になっていたこともあり、母も父のことが心配だったのでしょう。せっかく父親と同じ税理士資格を取得した息子がいるのに（公認会計士試験取得者は、税理士資格も所持することができます）、その息子とは残念ながらそりが合いません。

母が父と私の橋渡し役を受け持ってくれていたのですが、その命は風前の灯です。母自身、そのことはよくわかっていたと思います。手術から8時間後に母は亡くなりました。

母が最期に願ったことを叶《かな》えなくてはいけないと考えた私は、勤めていた監査法人をやめ、父の事務所で一緒に仕事をするようになったのです。

今となっては母に感謝しています。監査法人の仕事もやりがいのある面白い仕事でしたが、父の税理士事務所を継ぐ形になったことで現在の相続専門の税理士になることができました。

天職ともいうべき今の仕事に出合わせてくれた父には感謝してもしきれません。

「きょうだい仲良くね」の一言が重かった

実は母はそのときもう一つ遺言を残していました。「きょうだい仲良くね」という言葉です。

私には姉と兄がいて、私は三人きょうだいの末っ子です。

もともと仲の悪いきょうだいではなかったのですが、母の最期の言葉は誰の胸にも響いたらしく、以後、一度もケンカをしたことがないのはもちろん、お互いを気にかけるようになりました。

親の最期の言葉というのは本当に重いものだと、今でもしみじみ感じます。

相続でモメると土地の登記もできず、地面師に狙われるハメに

土地を相続した場合、相続登記をしなければなりません。

実はこの「相続登記」というのは通称で、正確には「相続を原因とする所有権移転登記」となります。

不動産はすべて法務局で行う不動産登記によって、その不動産がどんなものか、どの誰が所有しているかが記録されています。これら登記の記録がまとめられた台帳を「登記簿」といいますが、現在は電子化されたため「登記記録」とも呼ばれるようになりました。

登記簿は「表題部」と「権利部」の2構成になっています。最初に表題部があり、そのあとに権利部が続きます。権利部はさらに甲区、乙区に分かれます。

図22：登記簿見本

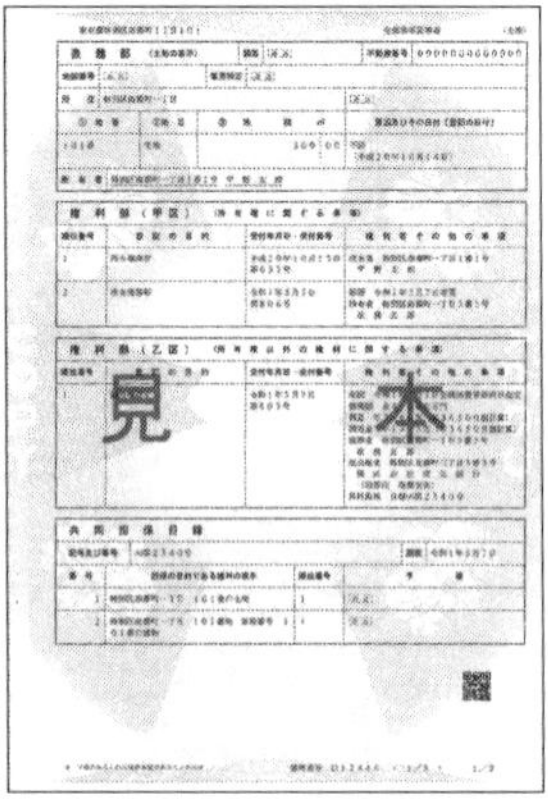

（出典：法務省「全部事項証明書（不動産登記）の見本」）

相続が発生して、誰がどの不動産を相続するかが決まったら、法務局で不動産の所有権移転登記をしなければなりません。

とはいえこれまでは罰則がなかったため、不動産の名義が何十年も前に亡くなった祖父のままなどの事態が頻発。

そのため現在の所有者がわからないまま放置されている不動産が多く、いわゆる「空き家問題」が浮上して周辺の治安の悪化が懸念されるなど社会問題化するようになりました。

そこで2024年4月から不動産を相続する際の登記が義務化されること

になり、不動産を相続したことを知った日の翌日から3年以内に相続登記を行わなければならず、これを怠ると10万円以下の過料が科されます。

相続財産のうち不動産の割合が高く、なおかつ納税資金が不足している場合、相続登記において別の問題が起こる場合があります。

それは、誰がどの不動産を相続するかを巡って折り合いがつかずモメた場合、その隙を突くように「地面師」に狙われて勝手に名義人を書き換えられる可能性が出てくるという問題です。

不動産所有者になりすます「地面師」

地面師とは土地の所有者を装って土地の売却を持ちかけ、売買代金をだまし取る詐欺師のことです。

２０１７年に起きた積水ハウス地面師詐欺事件のことを覚えていますか？　物件はＪＲ山手線の五反田駅から徒歩３分の「海喜館」という６００坪もの面積をもつ元旅

図23：地面師事件の構図

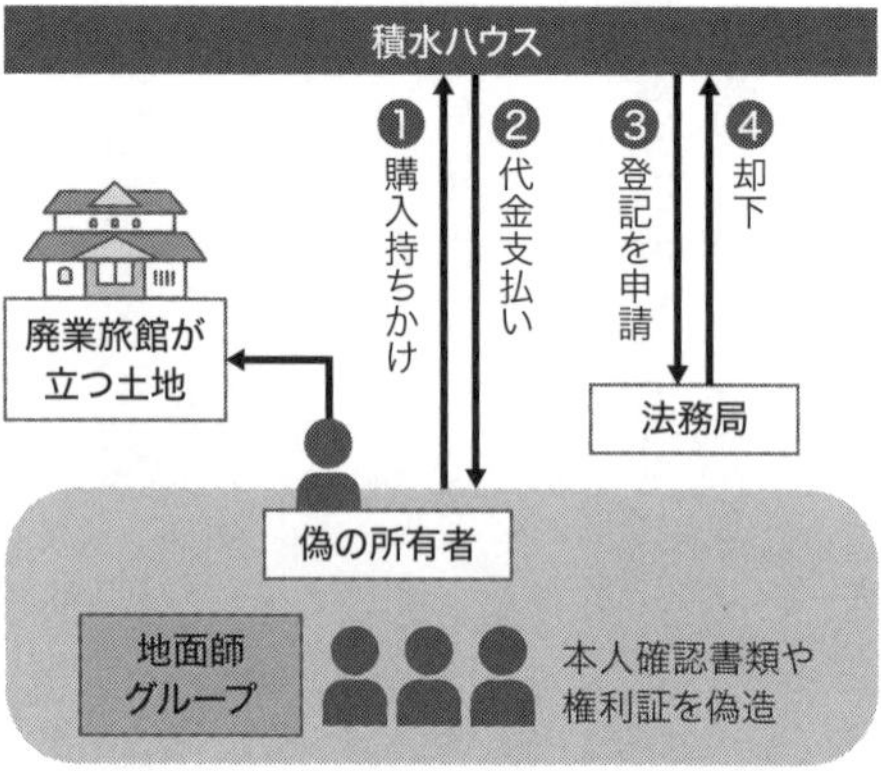

（出典：日本経済新聞「積水ハウス地面師事件　稟議は止まらず、偽りのお宝物件」）

館の土地で、80億〜100億円の価値があるとされていました。この物件の売却を地面師に持ちかけられ、55億円をだまし取られた事件です。

この土地は駅に近い好立地のため、高層マンションを建てれば確実に需要が見込めるにもかかわらず、所有者が手放そうとしないことで有名な物件でした。

戸建て住宅を主力事業とし、マンション建設に関しては業界大手の後塵を拝していた積水ハウスに、中間業者を通して土地の所有者と名乗る女が売却を持ちかけたのが4月4日のことです。

本人確認のためのパスポートと印鑑証明は偽造されたものでした。

詐欺の発覚を恐れて急がす地面師グループに、お宝物件を手に入れたい積水ハウス。両者の思惑が妙なところで一致し、4月24日に売買契約を締結。積水ハウスは手付金を払い、法務局にこの物件の所有権移転の仮登記を行います。

そのあと、本当の所有者であるA氏から積水ハウスにあてて「売買契約はしていないので、仮登記を抹消せよ。さもないと法的手続きを取る」という趣旨の内容証明郵便が届きますが、同社は本人確認を済ませていたことからこの文書を「怪文書」と判断。握りつぶしてしまったのです。

この土地の所有権移転の本登記の申請を法務局が受理したことを確認したのち、同社は残金を支払いました。

犯人は逮捕されたが、55億円は戻ってこなかった

6月6日、法務局から申請書類に添付されていた国民健康保険証のコピーが偽造されたものと判明したとして、登記申請却下の連絡が入ります。

のちに警視庁が地面師グループを摘発。メンバー10人が起訴され有罪判決を受けましたが、積水ハウスが払った55億円は戻ってきませんでした。

他人事ではない地面師事件

だまされたのが一流企業であったことから有名になった積水ハウス地面師詐欺事件ですが、これは決して他人事ではありません。

というのも地面師グループにはリサーチ部隊というものがあり、日ごろから「この土地の名義人はもう亡くなっているだろう」と予想される土地を探し回っているからです。法務局に行って申し込みをすれば、誰でも登記簿を閲覧することができます。

さらに偽造部隊というものもあり、亡くなった人の名義で偽造パスポートを作ってなりすまし、「私がこの土地の所有者です」と主張して土地を売るというわけです。

特に大きな土地ほど狙われます。

だから相続財産のうち不動産が大きな割合を占めている家ほど、誰が何を取るかなんて内輪モメをしている場合ではないのです。モメている間に地面師に狙われて詐欺事件に巻き込まれないとも限らないのですから。

きょうだい間での「モメない工夫」

日ごろからきょうだいの仲が良く、モメごとのないのがいちばんの防衛策です。特に長男が跡取りとして親と同居している場合、長男の妻に日ごろから何かと心遣いをしておくことは必須です。昔からの地主で近隣でも「名家」として知られるような家であればあるほど、本家のお嫁さんは大変な苦労を強いられます。

私たちのお客様の中にその心理をよく理解している次男の方がいらっしゃいました。サラリーマンで地方出張が多いため、その先々でお土産を買っては長男のお嫁さんに「いつも両親がお世話になっております」という思いを込めて送っていたのだそうです。手紙などつけなくても、気持ちは伝わります。

それも回数が多ければ多いほどいいようです。2万円を1回よりも2000円を10回。何度も繰り返すことで気持ちは伝わるというのです。

一方、本家を継いだ長男は、子供の結婚式に参列してくれたきょうだいに、交通費はもちろん主賓よりも立派な引き出物をつけて感謝の気持ちを表します。親やその上のご先祖様たちの法事に来てくれたときも同様で、とにかくきょうだいにお金を使い、「ちゃんと気にかけている」「感謝している」アピールをしておくのがコツです。

私がいちばん印象に残っているのは、結婚した妹の娘（その人にとっては姪）にピアノを買ってあげたというエピソードです。小学生になった娘にピアノを習わせたはいいが、家にあるのは電子ピアノだけ。やがて娘は「本物のピアノ（アコースティックピアノ）が欲しい」と言い出しました。

ところが妹はお金がなくて買ってあげられない。そんな話を本家の兄にしたところ、なんと「じゃあ、買ってあげるよ」と言ってくれた。

妹さんは大感激して、「もう本家には足を向けて寝られない」と言ってくれているそうです。

要はお互いに立場を理解して思いやりを示し合おうよということです。そうすれば相続だの遺産の分配だのと生々しい利害関係の生じる事態に直面したとしても、「あのときあんなによくしてもらったし」と思うことができます。

裏ワザ　相続人が27人いてもモメなかったケース

通常、相続人が多ければ多いほど、相続でモメることが多くなります。

しかしある裏ワザを使ったところ、驚くほどスムーズに解決した事例があります。

相続人が27人もいたケースです。亡くなった方には配偶者も子供もおらず、親はすでに他界。そうなると財産は兄弟姉妹にいくことになりますが、この方の場合、兄弟姉妹が9人と多く、しかも大半が亡くなっていました。

すると兄弟姉妹の子供たちが代襲相続といって相続権を持ちます。

ここまで相続人の数が多い案件は、司法書士も税理士もまず引き受けたがりません。というのも、この27人全員に同意を取り付けてハンコをもらわないことには、遺産分割ができないからです。

こんなとき駆け込み寺になるのが私たちです。

「さて、引き受けたはいいがどうしようか」としばし考えこみましたが、そのうちある考えが閃《ひらめ》きました。

当時は、分割協議が済んでいなくても、銀行に「預金残高のうち27人の相続人の法定相続分（27分の1）を下ろさせてほしい」と言うと認めてくれるという事実でした。法定相続分であれば問題なしということで下ろさせてくれる特殊ルールがあるからです（現在は一定の金額までとなっています）。

これをうまく使えば、相続人全員の合意を取り付けるのは難しいことではないと私たちは考えました。

そこで以下の内容を書面にして27人全員に送りました。趣旨は次の通りです。

「あなたには亡くなったA氏の遺産を相続する権利があります。ただしあなたと同じように相続権を持つ人が他に26人います。つきましては次の二つの方法のうち、いずれかの方法で遺産分割を進めるので、どちらがいいかを選んでください」

①相続人同士で自分の持ち分を主張しながら話し合って分割方法を決める

②自分の法定相続分をもらっておしまいにする

果たしてほとんどの人は②を選びました。①のやり方では紛糾するだけで決まるはずがないと思われたのでしょう。

ごくわずかな人たちからは①を選ぶと返信がありましたが、人数が多いのでまとまりにくいこと、それに時間を割いても思い通りの結果にならないのが多いことを説明したところ、最終的には②の法定相続分をもらうことで納得してくれました。

亡くなった方には不動産もあったのですが、その売却も私たちに任せてくださり、すべて無事に終わりました。

「今」を生きるのに一生懸命な人は余計な争いに巻き込まれない

最後に、最も鮮やかに遺産を放棄していった方のお話をさせてください。

その方は売れっ子の作家でした。親御さんが亡くなり相続が発生。ごきょうだいから私たちに依頼があり、相続税の申告をすることになりました。

遺産分割協議の日程を決めるために連絡したところ、「私はすべての財産を放棄します」との返事がありました。

その方がおっしゃるには、「自分は今、執筆活動に時間が取られて、余計なことをしている時間はない」と。親の遺産もあてにはしていない、自分以外のきょうだいで分けてくれていい、とにかく今は書くことに専念したいので、他のことに時間もエネルギーも使いたくないのだ、という内容でした。

よく「今に集中する」とか「今ここ」といったことが言われます。堂々巡りする思考から脱け出し、過去への執着や未来への不安もなく、ただひたすら「今、ここにいること（あること）」にだけ意識を向けることが大切である、という意味ですが、これがなかなかできそうでできません。

それもそのはず、「今ここ」は仏教でいうところの悟りを開いた境地だからです。その境地に至ることができれば、もう不平も不満も感じる余地はありません。

この作家の「執筆に専念したいから、余計なことに時間を取られたくない」という返事に、私は「この方の日々はまさに一瞬一瞬『今ここ』の積み重ねなのだな」と感じたのです。

自分にとって「今ここ」を大事にできる選択をする

この章で何度も繰り返しているように、遺産相続によるモメごとは誰にとっても得にはなりません。結果として他の相続人より多くの財産を相続できた人は、金銭的には得をしたことになるのかもしれませんが、それを獲得する過程で争いが起こった場合、信頼関係が損なわれて得どころか長い目で見ると損失につながるでしょう。というのも、信頼を築くには長い時間が必要ですが、失うのは一瞬だからです。ましてや相手はきょうだいなど近しい関係の親族です。

私がこの作家のお話をうかがって感動したのは、「この方はご自分にとっての最適解をよく理解していらっしゃる」ということでした。

この方にとっては「相続を放棄することで、相続に関して一切の時間を取られない」ということでしたが、人によってはそれが「法定相続分で納得して、それ以上は欲しがらない・争わない」ということになるかもしれませんし、「親の世話をよくしてくれた妹に、今までのお礼の気持ちを込めて少し多く相続してもらおう」になるのかもしれません。

いずれにせよ、自分自身の「今ここ」のあり方を優先することと、他のきょうだいたちの立場に立って考えることで、モメない相続、相続人の誰にとっても納得のいく相続が実現できるのではないでしょうか。

第5章

役所が教えてくれない相続の未来

兄弟姉妹の数が減ってくる

相続はこれからどう変化していくのでしょうか。この章では相続の未来を考えていきたいと思います。

現在、日本が直面している深刻な問題として人口減少があります。2022年の日本の合計特殊出生率は1・26。先進国においては、人口が長期にわたって安定的に維持される「人口置換水準」と呼ばれる合計特殊出生率が2・0を下回ることが一般的ですが、1・5を割り込むと「超低出生率」と呼ばれ、人口減少の懸念が高まります。

実際に日本の人口構造はどうなっているのか、グラフで見てみましょう。

総務省統計局が発表している人口推計の「人口ピラミッド」（図24）を見ると、「団

図24：人口ピラミッド

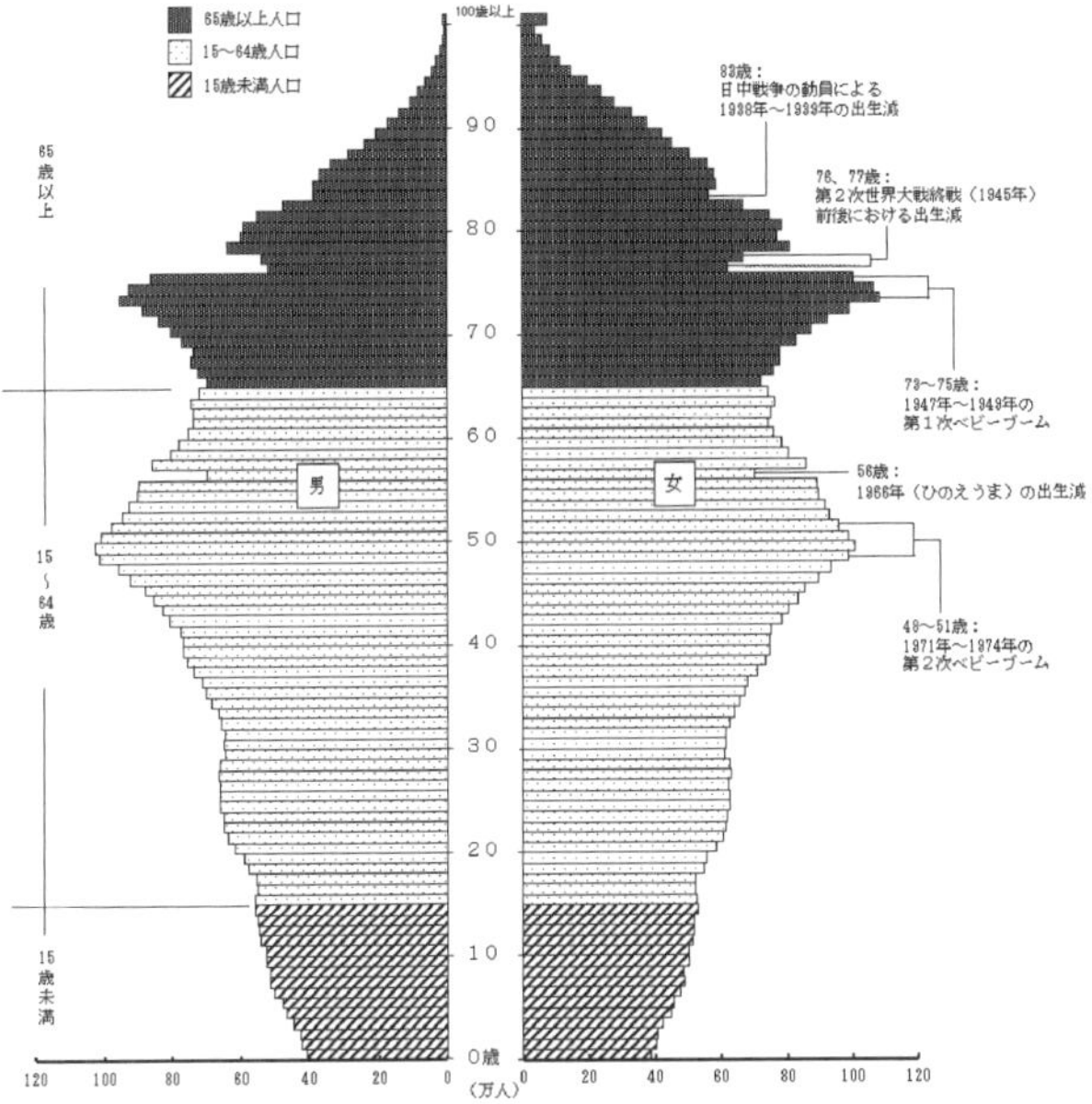

（出典：総務省統計局「人口推計（2022年〈令和4年〉10月1日現在」）

塊ジュニア」と呼ばれる第2次ベビーブームに生まれた世代以降の人口が年々減り続けている傾向にあることが一目でわかります。

　このことは相続にも影響を与えます。親世代よりも子世代の数が少ないため、長期的に見ると相続人の数は減少していくでしょう。

　相続人の数の変化に関する公的データは存

図25：相続人の分析

相続人数・養子あり	2012年	2011年	2010年	3年平均
相続人等の数（平均人数）	2.97	2.94	3.11	3.01
養子ありの割合（件数）	14%	9%	10%	11%

相続人数・養子あり	2022年	2021年	2020年	2019年	4年平均
相続人等の数（平均人数）	2.64	2.66	2.63	2.72	2.66
養子ありの割合（件数）	5%	6%	5%	5%	5%

在しませんが、私たちが独自に調査し年次別に相続人の数をデータ化したものがあります（図25）。

先ほどの推論を裏付けるように、２０１０年に3・11人だった相続人の平均人数は、２０２２年には2・64人まで減少。この傾向は今後も続くでしょう。

相続が二極化する？

また、現在の日本では、お金をたくさん持っていて経済的にゆとりのある人と、そうでない人との二極化が進んでいるとも指摘されています。

２０２２年における２人以上の世帯の１世帯あたり貯蓄現在高（平均値）は１９０１万円。前年に比べて21万円、１・１％の増加となり、４年連続の増加となるとともに、比較可能な２００２年以降で最多となりました。

とはいえ、平均値を下回る世帯が66・３％と約3分の2を占めています。

その一方で、２０２２年中に亡くなった人（前年比９・０％増の１５６万９０５０人）のうち、翌２０２３年10月31日までに相続税額のある申告書を提出した人の数は前年比12・４％増の15万８５８人と、過去最多となりました。

なお、課税割合も同０・３ポイント増の９・６％と過去最高、課税価格も同11・３ポイント増の20兆６８４０億円と、初めて20兆円を超えて過去最高を記録しています。

これらのデータから、資産を持つ人と持たざる人の二極化が進んでいるということがいえるでしょう。

デジタル資産が増えてくる

これまで資産といえば預貯金や有価証券、不動産など目に見えるものばかりでした（教育や親からの教えなどは除きます）。

ところがインターネットが普及してインターネットバンクやネット証券会社などが登場してからは、本人以外知り得ない資産が生まれるようになりました。

２０２３（令和５）年5月に総務省が発表した「令和4年通信利用動向調査の結果」によると、スマートフォンを保有している世帯の割合が90・１％と9割を超え、個人の保有割合でも77・３％と堅調に伸びています。

年齢階層別で見ると、インターネット利用状況は13～59歳の年齢階層が95％以上と多く、60～69歳は86・８％、70～79歳は65・５％、80歳以上は33・２％となっています。

図26：インターネット利用状況（個人）

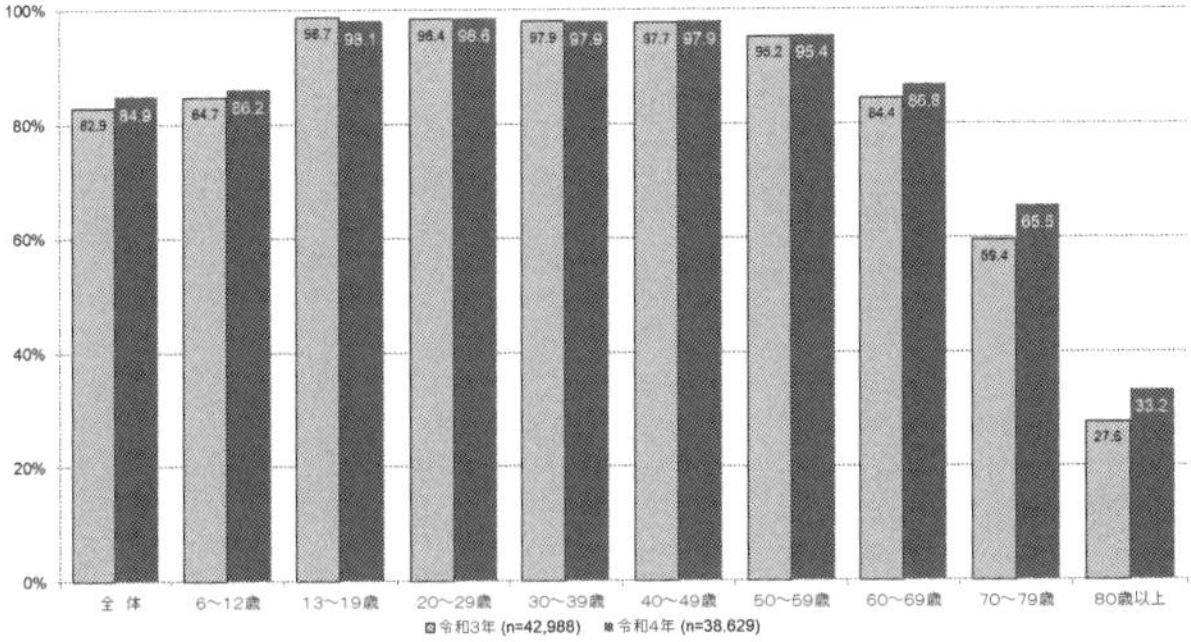

（出典：総務省「令和4年通信利用動向調査の結果」）

インターネットの利用目的・用途の調査結果も発表されており、「金融取引」を選んだ人の割合は24・3％と、前年の21・6％に対して2・7ポイントアップしました。

現在、被相続人となっているのは80代、90代の高齢の方々です。この年代で、インターネットを利用している人はまだ3割。あくまで推測に過ぎませんが、この3割の人たちが利用するのはネットショッピングやSNSが目的で、ネットバンキングやネット証券での取引、さらにはサブスクの利用を目的としているケースはそう多くないと思われます。

問題はこれからです。調査結果が示すように、70代になると、その上の世代の倍にあたる約66％の人がインターネットを利用しています。その中には金融取引をしている人たちが少なからずいることでしょう。

生前にそうしたデジタル資産について家族に「こういうことをやっているよ」と話しておいてくれればいいのですが、そうでないと誰も知らないデジタル資産がそのまま放置されるという事態になってしまいます。

デジタル資産の問題点

相続財産にデジタル資産が含まれている場合、次のような問題があります。

1　デジタル資産の存在自体を見つけることが困難

基本的にデジタル資産について、郵便物で知らせが届くことはありません。実はこれが存在を見えにくくしています。

亡くなった人が生前利用していたパソコンやスマホなどのアプリやメールの受信箱を見ない限り、探し出すことができません。

2　本人にしかわからないパスワード等で管理されている

デジタル資産を探すには、亡くなった人が使っていたデジタル端末をチェックしなければなりませんが、そもそも端末に入るのにパスワードが必要です。

生前に知らされていれば入ることができますが、相続人の誰もが知らなかった場合には、手がかりになりそうなメモを探したり、場合によっては業者に頼んだりしなければならないこともあり得ます。

また、インターネットバンクにしろネット証券にしろ、今はセキュリティチェックが厳しくなっていて、二段階認証が設定されていたり、顔認証が求められたりするケースが多いようです。

簡単に第三者がアクセスすることができない仕組みになっているため、その中身を知るのにも困難を極めることになります。

3　相続の手続きが煩雑になる

どうにかデジタル資産にたどり着き、その中身まで把握できたとしても、そこから先がまた大変です。

すべての情報を整理して、一つひとつ相続財産に該当するかどうかをチェックし、相続財産の評価額を再計算しなければなりません。

また相続人自身が日ごろからインターネットバンクやネット証券を使いなれているならいざ知らず、なじみのない人にとっては解約するのも容易でないことが予想されます。というのも、デジタル資産の場合、手続きのほとんどがオンライン化されており、「電話連絡して書類を送ってもらって……」などといったアナログな手法が使えないからです。


もしも、すでに相続税の申告を行い納税も済ませたあとにデジタル資産が見つかった場合、期限後申告や修正申告をしなければなりません。

相続税の申告期限は相続があったことを知った日の翌日から10カ月です。その期間が過ぎてしまっていると、加算税や延滞税が加算されてしまいます。

マイナンバーカードの普及が「見えない資産」を可視化する

私が期待を寄せているのが、マイナンバーカードの普及です。マイナンバーカードとオンライン上のすべての金融取引を紐づけすることで、相続人も知らなかった「見えない資産」の存在をあぶり出すというわけです。

具体的にいえば、将来、マイナンバーカードにはすべての金融機関が登録されており、ネット上の手続きで相続手続きが完了するようになるのです。

相続登記が義務化されたのはなぜ？

2024年4月から不動産を相続した場合、相続登記という手続きをして不動産の名義を変更することが義務付けられました。

その背景にあるのは、日本全土の土地のうち24％ほどの土地が不動産登記簿上で所有者が不明だということにあります。

所有者不明の状態では土地の売買ができないため、公共事業や民間事業でその土地を活用したいと思っても、そもそも土地の購入ができず、活用が不可能になります。

また土地の管理がされずに放置されてしまうことが多く、隣接する地域の環境悪化を引き起こす要因となります。

所有者不明の土地が増えてしまったのは、相続登記が義務でなかったためです。相続登記をするには法務局に登録免許税という税金を払わなければなりません。また、相続登記の手続きは非常に煩雑で多くの書類を必要とするため、自分でやろうとすると手間と時間がかかります。

そこで司法書士や弁護士に依頼することが一般的なのですが、そうすると5万～15万円程度の報酬を支払わなければなりません。

そのため価値の高い土地であれば相続登記されずに放棄されることは少ないですが、価値が低く誰も欲しがらないような土地はそのままになってしまうことが少なくないのです。

これらを背景に施行されたのが、相続登記の義務化というわけです。
法改正前と法改正後では、以下のように相続登記の期限が異なります。

【法改正前（〜2024年3月31日）の相続登記の期限】
期限なし。放置していても罰則なし

⬇

【法改正後（2024年4月1日以降）の相続登記の期限】
1　法改正後の相続で不動産を取得した場合
・相続で不動産の所有権を取得した人……不動産取得を知った日から3年以内
・遺産分割協議で不動産を取得した人……遺産分割協議の成立日から3年以内
2　法改正前の相続で不動産を取得している場合
施行日から3年以内（2027年3月31日まで）

右記の期限内に相続登記ができなかった場合、10万円以下の過料に処される対象となります。

遺産分割協議がまとまらないなどの理由で、期限内に相続登記ができない場合は「相続人申告登記」を行っておく必要があります。

相続人申告登記とは、亡くなった人名義の不動産について、相続人が法務局に対して自分が相続人であることを申し出ることによって、登記官が申し出た相続人の住所・氏名などを職権で登記記録に登記することをいいます。

これを行うことによって相続登記の申請義務が履行されたことになるため、過料の支払い義務を免れることができます。

相続税のある国、ない国の違い

日本の相続税の最高税率は55％です。「相続が3代続くと家はつぶれる」という言葉がありますが、それは日本の税率の高さを象徴的に表現したものです。

相続税が当たり前のように根付いている日本人にとっては想定しづらいですが、世界には相続税のない国や地域が存在します。シンガポール、マレーシア、オーストラリア、ニュージーランド、カナダ、中国、香港、スウェーデンなどです。

特に富裕層に人気なのがシンガポールです。お笑いコンビ・オリエンタルラジオの中田敦彦さんが移住したことで注目を集めたのは、記憶に新しいことでしょう。

シンガポールの公用語は英語、マレー語、中国語、タミル語と4種類あります。子供を連れて移住すれば英語と中国語が身に付けられるというのは魅力的でしょう。

相続税の面では、被相続人・相続人いずれも日本国籍を持っているけれども、ともに相続発生前の10年以上シンガポールに在住していれば相続税が非課税になります。

この「10年以上の在住」という条件をどう思われますか？

単に相続税の非課税を狙っただけではクリアできない条件ですよね。シンガポールで生活しなければならない必然性や、よほど強いシンガポール愛がないと、10年も住み続けることはできないでしょう。

それくらいの人でないと相続税非課税の恩恵は受けることができないというわけです。だてや酔狂でちょっと移住して甘い汁を吸おうとしても、そうは問屋がおろさないということですね。

おわりに

相続は退職金と並んで人生でいちばん大きなお金を手に入れる機会です。

自分の老後も見えてきたタイミングで相続が起きると、その気持ちが強まり「より多く欲しい」という気持ちが働きやすくなります。

そこでよく言われるように「相続」が「争続」になってしまうのです。

目に見えるものだけを親の遺産と考えれば、奪い合うという発想に結びつきやすいでしょう。

しかし親の遺産の中には、相続人一人ひとりの中にしか存在しない「誰にも奪えない遺産」もあるのではないでしょうか。

もちろん自分たちのこれからの生活を支えるものとして、物質的・金銭的資産も重要ですが、そこから少し離れて「目に見えない遺産」について思いを巡らせることのほうが、人生をより豊かに生きる糧となるように思います。
この本を通じてそのことが少しでも読者の方々に伝われば、著者としてこれほどうれしいことはありません。

最後に、読者に「読みたい」と思っていただける切り口を考えてくださったSBクリエイティブ株式会社の長谷川諒さん、執筆をお手伝いいただいたブックライターの堀容優子さん、お二人の協力なしにはこの本はできませんでした。
また事例の提供と専門分野のチェックをしてくれた税理士法人レガシィの相続専門税理士である天野大輔、大山広見、岡崎孝行、武田利之、陽田賢一、大久保智、大倉孝雄、木下裕行（敬称略）の協力に深く感謝します。

２０２４年４月吉日　　天野　隆
税理士法人レガシィ

著者略歴
天野 隆（あまの・たかし）
税理士法人レガシィ代表社員税理士。公認会計士、宅地建物取引士、CFP。1951年生まれ。慶應義塾大学経済学部卒業。アーサーアンダーセン会計事務所を経て、1980年から現職。『やってはいけない「実家」の相続』『相続格差』（青春新書）他、103冊の著書がある。

税理士法人レガシィ
1964年創業。相続専門税理士法人として累計相続案件実績件数は28,000件を超える。日本全国でも数少ない、高難度の相続にも対応できる相続専門家歴20年以上の「プレミアム税理士」を多数抱え、お客様の感情に寄り添ったオーダーメードの相続対策を実践している。

SB新書　651

相続《そうぞく》は怖《こわ》い

2024年4月15日　初版第1刷発行
2024年5月21日　初版第2刷発行

著　　者　天野《あまの》 隆《たかし》・税理士法人レガシィ
発 行 者　出井貴完
発 行 所　SBクリエイティブ株式会社
〒105-0001 東京都港区虎ノ門2-2-1
装　　幀　杉山健太郎
D T P　クニメディア株式会社
編集協力　堀容優子
編　　集　長谷川 諒
印刷・製本　中央精版印刷株式会社

本書をお読みになったご意見・ご感想を下記URL、
または左記QRコードよりお寄せください。
https://isbn2.sbcr.jp/24323/

落丁本、乱丁本は小社営業部にてお取り替えいたします。定価はカバー に記載されております。
本書の内容に関するご質問等は、小社学芸書籍編集部まで必ず書面にて
ご連絡いただきますようお願いいたします。

ISBN 978-4-8156-2432-3

ラテン語と人類、2000年超の歩みを眺める
世界はラテン語でできている
ラテン語さん

世界三大投資家が予測する沈む国、伸びる国
2030年　お金の世界地図
ジム・ロジャーズ

親の「何気ない言葉がけ」が子どもの将来を決める！
その「一言」が子どもの脳をダメにする
成田奈緒子
上岡勇二

安すぎる国、日本の行方を徹底解説！
世界インフレ　日本はこうなる
池上彰＋「池上彰のニュース
そうだったのか!!」スタッフ

知らず知らずに偏ってしまう子育ての危険性
犯罪心理学者は見た危ない子育て
出口保行